打开天窗　说亮话

教养

EDUCATION

天窗
文化

怪兽家长²

孩子复仇记

屈颖妍　著

中国人民大学出版社
·北京·

目录

Chapter ①

"港孩"长大了，世界会变成什么样？

Chapter ②

孩子是我手上的
十克拉钻戒

Chapter ③

落后在起跑线上又如何？

Chapter ④

施与受
之间的顿悟

Chapter ⑤

万里路上的
异国教育

序一 莫怪"怪兽家长"

　　从日本到香港，从第一本到第二本，身为教育工作者，看到屈颖妍笔下的家长们有许多的"奇谈怪行"，他们究竟是值得责怪，还是值得同情呢？反躬自问，"怪兽"这个"虐"称，其实何止适用于某些家长，也更适用于某些教师、校长以至教育局官员：上下交"怪"的共业，营造出一个个"怪兽校园"，而最终的受害者，当然就是我们的孩子！"作育英才"的愿景，异化为制造"小怪兽"的行为，这不就是最吊诡的报应和报复吗？

　　在"失散"20年之后，与屈颖妍展开颇为认真的讨论，始于《明报》的新春副刊；看到她的"新年愿望"是期望有一个"教育革命"。我给她打电话，问她是否知道，早在十年前，内地、台湾和香港，就已经不约而同地开展了教育改革的思考，并且在最近六七年，一步步落实到具体的课程中。直接间接参与其间，让我困惑的是充满理想、切中时弊的教育目标、学习方法、学习态度，例如德智体美劳五育的平衡、通识教育、母语教学、校本课程、亲子学习、批判性思考，"乐于学习、善于沟通、勇于承担、敢于创新"等等等等，落到现实的"怪兽校园"，却是荒腔走板，失了踪，变了样，仍是在文山会海、分数考试的怪圈之中同根相煎，无法自拔。听了我的感慨，屈颖妍的反应也像许多家长和老师一样，问我怎么办才好，而我的答案却大大出乎她的意料。

　　我说，教育改革的出路，可能就在像你一样敢于独立思考、勇于自

我反省并付诸行动的"异类"家长身上，而《怪兽家长》这本书正好是一面镜子，让在"怪兽校园"中生存的不同人都去思考自己的角色，这既是理想的通识教育读物，也是理想的亲子学习材料。

香港的教育改革推行落实得不够理想，除了部分行政规划、教学负荷、教师培训方面的原因，一个积重难返的问题在于教师、学生，尤其是家长方面未能摆脱对考试和成绩的过分重视；当"求分数"成为"求学"的主宰，一切教育理想就都成了空话。屈颖妍期盼的教育革命，就其难处是要移风易俗，改变人心；就其易处则只是一念回头，回归教育的基要。教育的基要，用宋代大儒陆九渊的话说就是："我虽不识一字，亦须堂堂正正做个人。"用英国哲学家罗素的话说就是："教育就是要使独立思考成为习惯。"用黄明乐的话说就是："把童真还给孩子。"仅此而已。

莫怪"怪兽家长"，但愿他们在让孩子"精通琴棋书画、七八种外语、十八般武艺……一屋证书"之余，还给他们一张"学做人的证书"。

杨钟基
香港中文大学前中国语言及文学系教授

序二 一章一页总关情

　　性情中人，以理性白描的文字刻画尼采所云："人是胡说妄为，怪兽与超兽的病态动物。"书如明镜，让"怪兽们"都照见自家的病态嘴脸与行径，因而戚戚反省。这是我对《怪兽家长》的观感。

　　在一口气读完《怪兽家长2：孩子复仇记》后，进一步的体会是：说情、述理、讲故事的散文，有如莫泊桑与欧·亨利的短篇小说，教人在追踪到画龙点睛的收笔时，才弥深体会到豁然开朗。

　　书中切切关情的是警醒大家："教育是这一代人欠孩子们与社会的必须偿还的债务，培养孩子们正确的做人思想与良好习惯，是正确的还债方法。"若偿还得不妥当，则后患无穷，因为孩子们会在成年人营造的社会中做出种种现世报的复仇——反映出不当思想培育下的言行习惯。

　　深感屈颖妍在本书中的殷殷谆谆，她想告诉为人父母的、为人师长的、教育当权的人，大家都能正视可能代代连锁下去的"孩子复仇"的问题。

叶玉树

圣芳济中学前中文教师及训导主任

2011年6月27日写于香港

一场人肉宴会

刚出席完大女儿的小学毕业典礼，感觉竟像是在少林寺里闯过了木人巷十八铜人的第一关。

长吁一口气？不，过几天就要发榜了，"皇榜"一出，全家上下又要掉进另一个八阵图。

鲁迅的小说《狂人日记》里有吃人的情节，在狂人眼中，人人都在赶赴人肉筵宴。90多年后的今天，忽然惊觉，原来自己正领着孩子们走进一场人肉宴会中。

不是吗？香港的教育故事本来就是一场人肉宴会，人人都想缺席，人人却都要出席；人肉没人想吃，但人人都要吃，一口一口，从苦舌涩脸吃到成为习惯。

鲁迅的狂人笔下有个咬孩子的女人，我疑神疑鬼地觉得那个人就是我，伤口在冒血的就是我的女儿们，于是，我便写了一本叫《怪兽家长》的书，述说我等吃人家长的"怪言兽行"。

有的父母看完书后扪心自问："我是不是怪兽家长？"

也有的爸妈不以为然："你才是怪兽，我们不知道有多正常！"

当社会上人人都在吃人，不吃人的就会被视为疯子狂人；当教育的路上人人都在栽种天才，你却悠然地去培育一棵草，那你就是异类，就是怪兽。

于是，世人眼中的疯子继续写这怪兽的自白。

执笔写这第二本怪兽故事的时候，老师问我："你问没问过女儿，她们的妈妈是不是怪兽？因为孩子是父母的镜子，如果你看到孩子有你看不过眼的兽行，那就证明，你也是怪兽！"

对啊，贪婪的父母必有贪婪的孩子；爱说谎的爸妈，子女也必然爱说谎；你功利，孩子不可能无私；你计较，孩子也一定是个算计鬼。

提这问题的老师是我大学时的启蒙者，读中文系时选修了他教的创作科目和苏辛词，今天我靠"爬格子"糊口，如果要追本溯源，我当跟人侃侃而谈是这位杨钟基老师的嫡传弟子。

20年后再聚，谈的都是教育，老师有旁观者的明察秋毫，也有教育家的仁心远见，看完我的文章，竟委以大任："用你的文字移风易俗！"

怎么可能呢？百无一用是书生，一支秃笔就能改变世界？我没有自信到这个地步。

然后，我出席了好多学校办的家长讲座，事后总有家长上前说："谢谢你，我豁然开朗了……"或者"谢谢你启发了我……"我没有送上秘籍，只是点燃了一把火，原来，路也是这样被一点一滴的火种承传、照亮起来的。

　　谢谢杨老师给我勇气与鼓励，延续这怪兽之书，并为拙作赐序；也谢谢所有我生命中遇到过的贤师，他们的故事让我看到，制度是死的，人是活的，万念俱灰不代表走投无路，老师们给我示范了什么叫"让生命影响生命"。

　　其中之一，也是为这小书赐序的——圣芳济中学叶玉树老师，他教丈夫中文，毕业后一直领着一班徒子徒孙经历人生，连带我这个携眷而来的旁听生也受用匪浅，在此衷心谢过。

Chapter ①

"港孩" 长大了，
世界会变成什么样?

　　这年头，在孩子的成长历程中有太多赛事，我们不知不觉培养了孩子的争胜心、必胜心，有时，却渐渐忘了一些胜负以外的心灵教导。

忙是原因，也是借口，不停冲刺，让我们错过路上风光，让孩子遗忘生存本能。

孩子复仇记

　　莎士比亚的悲剧《王子复仇记》（又名《哈姆雷特》）有一句传世经典："To be or not to be, that is the question."（生存还是毁灭，这是一个值得考虑的问题。）

　　410年前，丹麦王子哈姆雷特悲问苍天：要生存还是毁灭、复仇抑或哑忍，人死后存在还是不存在？

　　世代更替，这句话一直在人间的十字路口被不断引用：走还是退？做还是不做？……前人智慧，放之四海而皆准。

　　这阵子经常出席家长讲座，台下狐疑之问总是：这怪兽家长，做还是不做？

　　路是这样走的、游戏是这样玩的，大潮流如滚滚长江水，你稍一迟疑或者停滞，就会被淹没、被盖顶。父母明明看出端倪，望穿苦路，领着孩儿该如何是好？To be or not to be, that is the question！

　　我们拥有优质的教育环境：12年免费学业，"文盲"从此绝了种；千禧年或者后千禧年校舍的美轮美奂，求学本该是享受；教师不懈地进修，拥有几个硕士博士学位来教小学生已经是大势所趋……

　　可是，路上没有人以此为乐，读的苦，教的苦，旁边呐喊扬鞭的父母苦上加苦。女儿们不止一次对我说："为什么上一代人小学毕业就算完成了学业，我们却要捱这么久？"

对，是捱，在这个教育故事里，每个人都在"捱日子"。

最近听说一所名牌小学是这样为孩子操练评估考试的：四年级学生做六年级的模拟试卷，做到烂，做到熟，做到全班只有几个人拿90几分，其余都是100分！

这些100分的背后，大概还有无数奖杯奖状和十项全能证书，孩子都被倒模成天才，没有人怀疑这已经成了病态。

清末思想家龚自珍写了篇文章《病梅馆记》，以病梅喻人，指出那些被斫直、删密、锄正以凸显梅树美态的育梅者，以错误的种植观念，扭曲梅树的生态，导致它们没法正常成长，成为病梅。

这一课书，是我辈中学中文课本中的一篇范文，考试要考的，今日为父为母的你我，或许已经忘掉了，但都应该读过。

龚自珍的病梅之喻，一是影射当时以八股科举取士的专制制度，知识分子只有苦读艰涩无用的八股文，才能考取功名，才可晋身仕途；二是讽刺封建女性的裹脚风气，以小足为美，残害身心。

当时的中国人思想被禁锢，身心被摧残，天下文人皆病，天下女子皆伤。龚自珍大声疾呼，警教世人：这是一种病态！

那年头，男的啃着八股文，为进仕途，为求一职，没了思想，没了自己；女儿家嘛，一把眼泪，一肚子怨气，刚一懂事就被父母拉去裹小脚，手起布落，孩子怨天，爸妈忍泪。缠足这一步，没人想走，却人人都要走。小脚是社会标准、是规条、是风尚，谁不依？不依的结果就是你将得到"没人要，嫁不成"的人生诅咒。

拿下一代的前途作赌注是最恐怖的越轨，寻常父母不敢妄为。

于是，今日我们把匍匐的孩子送上playgroup（早教中心），刚一学步就被捉去特训，刚一上阵便被当做"飞虎队"……明知是条不归路，可人家走我也走，谁都不敢越界离队，因为我们也背负了同一诅咒：不随波逐流，孩子就是死路一条。

结果，在这条教育的路上，我们到底种了多少棵病梅、裹了多少双小脚？

一千个孩子，本该有一千种个性，但今日人人都被修剪成一模一样的盆景，好看、值钱，却不健康。

近年我们给香港孩子冠了个新名叫"港孩"，一切大家看不过眼的下一代行为，其实，都是在我们强行扭枝削叶灌水后种下的果。

To be or not to be, that is OUR question！（生存还是毁灭，这是我们自己的问题！）

"港孩"故事，未完待续

那回去一所学校听讲座，校长在介绍一位发言的学科主任时这样形容："这是一位很厉害的老师，他30年都没请过假！"

我心里暗自思忖：30年？不可能吧？

最近，偶遇我中五时的班主任，他还在原校任教，聊起旧事，一句类似的话出自他口："30年了，我可没请过一天病假啊！"

想想家父在小店铺打了一辈子的工，算起来，起码50年没请过假，或许更长。试过几回一家人出游，游说他请假同行，他都觉得这根本就是天方夜谭。

在老一辈人的眼中，请假向来都是天大的事。倒是我们，认为请假是一种权利。

那天跟一位年长的教师聊起，她说："今时今日，一所学校能拥有百分之百出勤率的，通常也只剩我们这些'老人家'了！迟到、早退、事假、病假……不是学生独享的，新一代的老师，不少也是长大了的'港孩'，一点儿头晕感冒，就不回来上课了……

"还有那些乱成一团的办公桌，吃得东一堆、西一堆的样子……你会发现，原来长大了的'港孩'正在这里教书，培育下一代！"

　　我想起那天在野外，看到几个带着学生去旅行的年轻教师，带头的教师因为一只盘旋在头顶的蜜蜂，跟着孩子们一起尖叫逃窜的场景。

　　生生不息，"港孩"的故事就如此传扬下去了。

　　"港孩"其实不是今天才出现的，好多"港孩"已经经长大成人了，为人父、为人母、为人师，或者在不同的岗位继续上演"港孩"的故事。

有个朋友是公司的管理层，那天他把下属召来，提出这位伙计在工作上的缺失、可以改进的地方……说着说着，这个下属当场就哭了起来，一哭就是半小时。中午，朋友见本来今天要来上班的新同事仍然没影，于是叫秘书打电话找他，结果，那位没来上班的新人竟如此回复："早上闹钟没响，妈妈不知道我要上班，没人叫醒我，请问，明天再来上班可以吗？"

"港孩"长大了，世界会变成什么样？

反哺难为

朋友甲说："女儿大学毕业，出来做事两年了，至今没给过我一分钱！"

朋友乙说："儿子上班一年多了，那天跟我借车用，回来之后就埋怨：'你的车没有油啊，我帮你加了300块钱的油，等一下还给我啊！'"

朋友丙说："儿子结婚了，女方家要收礼金，孩子回来问我：'你想给多少？'"

朋友丁说："这年代还讲'反哺'？还要儿女供养父母？太迂腐了吧！"

友侪们都是有点家底的人，不一定大富大贵，至少也有楼有车，衣食无忧，于是在对待下一代的问题上，都比较娇惯。

想起"反哺"这个话题，皆因看到朋友在Facebook（脸谱网）上写的故事：

那天，女儿问她："为什么你总是吃鱼刺，而让我吃鱼肉？"

妈妈理所当然地解说，把最好的留给你呀什么的……

然后，女儿若有所悟："嗯，那以后我长大了就吃鱼刺，我的女儿吃鱼肉……"

妈妈不虞有诈。旁人提醒："你的女儿为何不说她长大了以后，把鱼肉给你吃，她自己吃鱼刺呢？"

妈妈这才惊觉，对呀，为什么呢？

有朋友说，"养儿防老"已经是一种过时的观念了：你看人家欧美家庭，谁不是一成年了就自己顾自己？找到工作有了家庭以后，更是变成了另一个个体，一年一次的感恩节或者圣诞节能回家陪父母吃顿饭就已经很

孝顺了。

对比起他的豁达，我仍属于"迂腐"的一群。对待父母，就是不供养，也不该把他们当成负担，或者数目分明地划清界线，譬如，像上述的儿子一样向爸爸要回加油的钱，就属于不可饶恕！

我从没向女儿作过"以后你养我"之类的洗脑行为，但她们偶然见我望着那漏水的天花板发愁时，竟非常自觉地跑来安慰：

"放心，等以后我赚钱了，就买间好的屋子给你住……"

"我们要跟你一起住！"

"煮饭给你吃……"

"帮你洗碗……"

"给你按摩……"

女孩子总是口甜舌滑，做不做是一回事，可为父为母的听听就心花怒放了。

"反哺"的诗我们自小就学，只是最近发现，原来很多人都觉得这些传统观念已经不合时宜，一来，今日的父母辈许多都能自我养活，或者活得比儿女都好，大家不忍心再跟孩子要饭吃，甚至继续为孩子们补贴生活；二来，含辛茹苦地把孩子哺育成人的大多是那些外籍佣人，听

到太多孩子说一天只见到妈妈两小时、只跟爸爸通电话的成长故事，除了脐带，亲子间再没有了亲密关系的两代人，很难在中间画上一个"反哺"的符号。

有个母亲问女儿："以后我动不了了，你还会不会理我？"

孩子这么说："等你老了，我也是大女孩了，要上班的，到时我也请个菲佣侍候你吧！"

朋友苦笑说："报应呀！"

一扬手，卖掉孩子的耐性

　　妈妈带儿子上街买菜，水果摊老板见孩子乖巧可人，便拿出一个橙子送给他，妈妈转头问小孩："该对叔叔说什么呀？"孩子拿着橙子，想了想，说："叔叔，你应该剥完皮再给我呀！"

　　这是听来的一个"港孩"的故事，这故事比起不知道苹果有皮、鱼有刺等更令人叹息。

　　有个小读者从内地来信，说自己是个独生子，生活无忧，故渐渐出现了所谓的"港孩"行径，怕自己越陷越深，特来信问道：如何避免成为"港孩"？

　　我说，小读者能时刻警醒兼反省自己，已非"港孩"本质。我对孩子的教养问题一直步步为营，但现代人富足无忧的生活，同样容易让孩子堕进"港孩"的圈套。

　　每次外出，我家孩子站在路边的第一句总是："搭出租车吗？"仿佛这世上除了私家车，就只有出租车这种交通工具了。

　　"等小巴。"我说。

　　"啊？"

"再闹就搭公交车！"

坐惯了私家车的人，最大的罪过是等不得，习惯了快去快回，一旦外出搭乘公交车，没等几分钟，便按捺不住地一扬手，一屁股钻进出租车里，花点钱，省了很多时间，我们经常如此自我开脱。

没想到，原来"爽呀爽呀"的花费背后，也卖掉了孩子的耐性。

我家女儿最怕等，等一阵子车、排一会儿队，就又喊腿麻又怨头痛。

习惯了一家人坐私家车出动，于是孩子一坐地铁就忐忑，邻座都是陌生人，一条扶手钢柱随时就会有几只手上下左右地挤在一起，高峰时间还要夹在一大堆男人女人的腋下股间，那种滋味非常难受。

"那你们将来上学、上班怎么办？"我问。

"开车啦！"

"你们知道养一辆车要多少钱？"

"那搭出租车吧……"

都说孩子是来跟父母讨债的，单是想到天天上下学靠出租车来回接送这一条，我便觉得这三个"港孩"不单是讨债的，简直是来寻仇的！

钱太多，送你！

这天女儿放学回来，校服裙子的口袋里多了一个五块钱的硬币。

因为我没有给女儿零用钱的习惯，所以，那五块钱的出现，有点不寻常。

"咦，为什么会有五块钱呢？"我装出漫不经心的样子问。

"哦，同学送的……"

"啊？送五块钱给你？"把零钱当礼物，我还是第一次听说。

"他说他的钱包里有好多，不想装那么多，就送了一个给我……"

"？"

....

又一天，女儿放学时拿着两盒纸包装的饮料蹦蹦跳跳地过来。

"妈妈，B女请我喝的！"

"B女请你喝，为何要请你两盒这么多？"

30

"她是从饮料机里买的，按了两次都按错了键，于是就请我喝啦！"

"你平时按错了饮料也会请周围的人喝吗？"

"我会直接喝按错的那盒……"

这才对啊，八达通每"嘟"一次都是钱，这是我一直不厌其烦地向女儿们讲了又讲的道理。

"不过这次B女是借我的八达通'嘟'的，所以按错了饮料，她就说请我喝啦！"

…………

大女儿参加学校宿营回来，说起那天晚上，购物狂A又在小卖部逗留的事。

"她买了一支冰棒，一尝，哇，好味道……接着就跟老板讲：'我这里有50块钱，我把它们都买了……'好像发达了一样！"

然后，A捧着一大袋子冰棒跑到营舍，同学们开怀大吃，谢A隆恩。

送钱给人家"花"、买50块钱的冰棒……今天的孩子，小小年纪就有挥金如土的气度和聚食客三千的豪情，视钱财如粪土。

到底是我辈太窝囊、太小家子气，还是今天的孩子得钱太容易了？一伸手，就如同呼风唤雨，要多少有多少，难怪习惯了挥霍无度。

朋友传来了一份报纸上做的调查故事，记者在九龙塘名校区采访学子，居然有个小学生说每月的零用钱平均是一万块！一万块钱不能称之为零用钱了，从前我辈小孩的金钱概念里基本上是没有万位的。

记者又找到了一个爱用百元纸币来画画的女孩，恐怖的是她会把画完的"纸币画"当废纸扔掉！

还有学校小卖部老板提供的怪现象：

"好多小朋友买完东西以后不要找的钱，他们说太重了，不想让口袋

显得歪歪的！" 有个小学生更惯性地叮嘱老板把要找的钱留给下一位排队买零食的同学用！

　　世易时移，从前我辈孩子是没有零用钱的，今天，原来许多孩子的零用钱竟比大人的薪水还要多。

大师兄的睿智

　　因为一次采访，认识了李怡先生，闲谈中交换故事时才发现，原来大家曾就读于同一所中学，于是从此跟前辈以兄妹相称，我叫他大师兄，他唤我小师妹。

　　做人做事，小的总听大师兄教诲，日日拜"听"他在港台节目《一分钟阅读》里的精彩书介，解读好书之外也解读了人生。

　　大师兄看着小师妹从小妮子变成了阿妈，那天，身为三女之母的我又在诉说那些吐之不尽的育儿苦水，谈起教育呀、课本呀、考试呀、活动呀，免不了又气上心头。倒是睿智的大师兄平心静气地赠了我一帖清凉故事，让为父为母的我辈时刻警醒自己。

　　话说大师兄有个在加拿大念书的孙儿，从小到大他都是钢琴高手兼音乐奇才，在彼邦出战无数，一直是个长胜将军。

　　有一天，这个赢遍加拿大的孙儿悻悻然地来电，因他在最近一次的钢琴比赛中惨遭滑铁卢。电话那边，孙儿语带不忿，认为明眼人都看出了评判的不公——近年来东方孩子的锋芒太露了，那次比赛摆明是不想把奖颁予中国人。
　　遇到这种状况，作为父母该如何解说？我在心里暗忖。

　　站在孩子这边，同仇敌忾，甚至主动提出投诉，为孩子争回一个公

道，大概是今日家长们的常用手段。但艺术是主观的，劝勉孩子吸取失败经验，下次再努力，我想，这会是开明一点的家长的做法。

然而，李怡教孙儿悟道的方法却高明得多。在电话里，他对孩子娓娓细说：

"人生第一件要学的事就是失败，知道怎样做一个好的loser（失败者），将来才能成为一个出色的winner（胜利者）。第二，人生本来就是不公平的，不公平的事总有一天会降临在你身上，每个人都要学习面对它、接受它。"

最简单的道理，却最容易被遗忘，尤其当受挫的是自家孩子时，我们总会不自觉地产生偏颇的执迷。接受不公平比接受失败需要更广阔的胸襟，父母的盲点也往往在于此。

35

卖掉的亲子时光

　　做了四年的菲佣即将约满离开了，孩子们竟无半点不舍之情，小女儿更是说："好啦，以后不用再跟菲佣姐姐闹了！"

　　菲佣是个"急惊风"，我从未见过一个菲律宾人走路会快过香港人，她应该是唯一的一个。

　　我家的女儿们是"慢郎中"，洗澡吃饭，三催四请，还是原封不动，气煞旁人。一快一慢，整天"火星撞地球"，我还要夹在中间做和事老。

　　菲佣初来时，我怕家里有佣人会宠坏孩子，于是下了"准骂令"：女儿们若不听管教，佣人不必姑息。没想到菲佣拿了"免死金牌"后骂得比我还凶，四年下来，她成了家中的"大反派"，只要一出现，孩子们就都四散而去。

　　朋友们都说，我是搬起石头砸自己的脚。请个菲佣，本来是为了让她帮忙减轻家务、分担带孩子的辛苦，如今女儿们都不肯跟她，留下来干啥？我倒是自得其乐，孩子们把菲佣当成恶人，总好过搂着她叫妈妈。

　　真的，实在看了太多这样的例子：有的孩子甚至抱着外籍佣人死命地哭，就是不想投进妈妈的怀抱。我常常想，如果孩子们这样对我，死命哭的应该是我吧。

那天看了一篇学生交来的文章，说她有两个妈妈，一个是母亲，另一个是把她带大的菲佣。我想，她的妈妈知道后会作何感想？往好处看，多一个人疼孩子总是好的，但女人都比较自私，多一个人跟你分薄母亲这个角色，终究不是味儿。

我常在街上碰到一些外籍佣人，背上背个大背囊，手抱婴孩，跟在女雇主的身后。女人们通常涂了指甲、踩着高跟鞋，怕抱孩子时会弄皱身上的高级时装，于是全都两手空空，或者宁愿抱一个名牌手袋，也不想抱抱孩子。

很多妈妈会把喂奶、洗澡、换尿片等与婴孩肌肤接触的任务交给外籍佣人，更有父母要菲佣兼做补习老师教英文、教数学，甚至要她们陪自己的孩子打球、游泳，还有学做人。

情感是要日积月累的，如果最简单的身体接触和情感交流都欠奉，长大后的亲子关系疏离，自是意料当中的事。

菲佣曾经告诉过我一个真实的个案：她的一个女佣同乡，几乎每个星期日都会把主人家中的小少爷带出来，让他跟她们一起去教会、聚会、逛街、聊天……

"干吗放假了还要照顾孩子？"大家都问。

"因为孩子妈妈星期日休息想睡会儿觉，所以就多付了点钱叫我把孩子带在身边照料，让她能好好地放一天假……"那个菲佣说。

我听后觉得这简直是天方夜谭，这世上，竟有人付钱卖掉亲子时光。

独处恐惧症

日本法政大学的尾木直树教授做了个问卷调查，结果发现，有六成大学生是不能一个人走进食堂独自吃饭的，当中更有2%的被访者会吃"厕所餐"！

所谓"厕所餐"，就是怕被别人发现自己孤身一人吃饭，故静静地躲在厕所的格子间里，匆匆啃掉一个便当或者三明治，这种行为，在日本年轻人间渐渐流行起来。

不能独处，似乎是这代人的特有性格。认识的很多朋友都是不能独自一人吃饭的，通常以女孩子居多，有些人甚至连独自上街都不行，没人陪，宁可躲在家里，泡一个杯面，上上网。一个人，总不能在外面展览"凄凉"吧。

我一直不能明白这种连上厕所都要找伴的心态，或许是我的血液中有点孤独的基因？多年来，我最享受一个人的时光，一个人吃饭，一个人旅行，一个人逛街，一个人独自在家……

这代人，似乎最受不了过一个人的生活。我家的孩子，一到假期就要求三个人一起睡；平日在家如厕时，总要找个理由让姐妹们进来作伴，边解决边聊天。

有一次跟朋友外出用餐，三姐妹吃到一半，小的要上厕所，两个姐姐便三位一体般齐齐起哄要去尿尿。朋友说："真羡慕你，女儿们都能自己上

厕所，我家孩子总怕自己去厕所，一定要我陪，否则一泡尿可以忍半天……"

我说："我家的孩子还不是一样？分别只在于她们三个已经有伴儿了，不必惊动我而已……"

这是孩子多的好处——兄弟姐妹是生命中最好的伴儿，当她们长到能自己照顾自己的阶段，我的责任就是渐渐退居为一个导游，只是带领她们到达一个国度，讲解、介绍一番之后，就由她们各司其职，自由活动。

我见过很多独生子女，在成长的过程中，他们总是迫不得已地跟着父母：爸妈的朋友成了他们的朋友，爸妈的兴趣成了他们的兴趣。黏着父母不是罪，只是没有同龄孩子为伴的童年，这些孩子长大以后就特别容易害怕孤独。

不进三甲就是输？

有个小学生曾经告诉过我这样的一幕：那年，他们由M老师带队参加校际中文集体朗诵比赛，苦练多时的最后一击，竟然以零点几分之微拿了个第四名。

M老师说："不进三甲就是输！"拿了得分纸便悻悻然地拉队离场。有人提议：不如在礼堂来张大合照？

"走吧，都输了，有什么好拍的！"M老师没心情也没好气，只想速速赶孩子们上校车。

"都是我们的错，连累M老师不高兴，让校长失望……"说的虽是四五年前的事了，但孩子们至今仍耿耿于怀。

老师的一句无心直言，听在孩子们耳中就成了金科玉律，"不进三甲便是输"，父母说，从此以后孩子们连下盘棋输了都要哭喊几回。对于胜负，说不计较是骗人的，但教孩子们怎么看待成败，又是一门学问。

有位琴行校长说了另一个故事：

她办的琴行是其中一个琴试的考试场地。有一天，一个小女孩在琴试后嚎啕大哭，向妈妈投诉考试房的琴很难弹。那位妈妈立即冲进琴行大骂里面的工作人员："你们用的究竟是什么烂琴？我一定要向考评局投诉……"

　　这已经不是说什么"输了赖地硬"的歪理了，而是这样的一对母亲和孩子，即使让她们拿到了演奏资格证书，如此"修养"，何用之有？

　　有位校长说了个音乐比赛夺魁的故事：

　　他们的队伍，比赛时演奏得好是好，但在场内的纪律奇差，又谈笑又站立地影响他人，结果校长回去以后把孩子们狠狠地教训了一顿："你们虽然把奖杯拿了回来，但在我的眼中和别人眼中，你们是彻彻底底地输掉了。"

　　校长本来可以好好犒赏一下这些为校争光的同学的，但她却选择了用臭骂一顿的方法，好让孩子们记住：胜之骄，就是败。

　　这年头，在孩子的成长历程中有太多的赛事，我们不知不觉地培养了孩子们的争胜心、必胜心，有时却渐渐忘了胜负以外的心灵教导。

不上学的理由

　　我想，每个孩子都有过不想上学的念头，只是我家孩子这种想法的出现率非常频密。

　　大女儿每逢星期日早上起床都会有点抑郁："唉，明天又要上学……"小女儿小菲比较及时行乐，牙都未刷就在床上玩起"过家家"来，狂玩一整天，晚上临睡前才会抑郁。

　　她的抑郁症没姐姐的悲观，睡在床上，脑袋仍拼命堆砌出千百个不上学的理由，并一一钻研其可行性。

　　"把家里的闹钟弄坏，一觉醒来就是大白天了……"

　　"假装不记得锁阳台的门，让贼进屋偷东西，没有理由还要上学……"

　　…………

　　小菲几个星期日的晚上都是这样积极地抑郁着，每想到一个点子，就爬起来找我"卖乖"。不行？上床以后继续想，想着想着，就在满脑子的幻想中睡着了。

　　那天晚上，小菲又有了新点子："妈妈，我今晚不盖被子，你也不用替我盖……"

"为什么?"我问。

"这样明天我就会发烧，发烧就不用上学了，而且可以连放三天假!"

因为"猪流感"带来的恐慌，全香港的小学已经申明，倘若学生有发烧的状况，要在退烧两天后才可以返校，以免病毒未退，造成交叉感染。

所以，发烧是一箭三雕之法：一天烧，可以"赚"三天假!

"还可以传染给姐姐们，'惠'及大众!"小菲最爱跟姐姐们有"福"同享。

事与愿违，第二天，倒是二女儿有点喉咙痛的症状，小菲心有不甘：明明自残的是我，怎么病的会是她!

于是幻想继续。只见小菲偷偷地拿起二姐喝过的杯子盛水喝，还把二姐吃剩的饭扒个精光，这天晚上，又见她跟二姐特别亲密，尽力做到有口水和鼻涕的接触，好把姐姐身上的病菌来个尽数全收。

到底是天意难违还是小菲果真健壮如牛，一觉醒来，她依旧安然无恙，背起书包的那一刻，小菲真的抑郁了。

"过气"的雷锋精神

内地电视台要拍雷锋的故事，我想，今日大概没有多少人会知道雷锋了吧。

雷锋是共产党员中的模范人物，他乐于奉献，四处助人，殉职后更被毛泽东下笔赞扬，在全国贴满了"向雷锋同志学习"的字句。

人们把3月5日定为"学习雷锋日"，据说重庆更有人组织"雷锋义工队"，在各长途车站帮乘客搬行李上下车。

谁知十个乘客中有十个人都拒绝"被帮忙"，原因是世上的骗子太多，乘客怕行李被人拿走，对"雷锋义工"的协助摇头摆手，搞得这班一心想助人的志愿者异常尴尬。

我在小时候听过雷锋精神主要是无私和助人，但今日这种人性的光辉似乎未必能得到大众的认同。

我家的女儿们就"教"我不要借手机给陌生人，因为"警讯"有言，骗子都是假装借手机而把电话骗走的。我也告诉过女儿们，去旅行过海关的时候，千万不要帮别人拿行李，哪怕只是一个小小的手提包！

就连每天经过街头碰到的各式各样的筹款、电话月费计划、问卷调查……甚至林林总总的推销、试用试喝试吃，迎面来者总是说："谢谢您，帮帮忙……"但我们大都一一推却，冷淡走远。

遇见这些情况，女儿们总会问："妈妈你为什么不帮他?"

怎么说呢，又要从世途险恶、人心难测讲起。

有时候，想学雷锋帮帮人，人家也未必欣赏。

有一回看到一位妇人的手袋掉了，里面的东西全都散落在地上，站在附近的女儿们本能地躬身帮她收拾，谁知她严厉地大喝道："你们别动，我自己来!"

助人反而碰到一鼻子灰，这次经验成了孩子们记忆中的一个非常负面的烙印。

最近看了一个外国整蛊节目，就是利用人的好心和同情心作弄人，看完以后孩子们都说太可怕了，帮错了人还要被拍到电视上，真丢人!

雷锋精神也许实在过时了，女儿还"教"我，帮人之前记得眼观八方，看看有没有偷拍的镜头!

没手机会死

都说香港人为iPhone而疯，绝不为过。

一大班亲友同桌吃饭，孩子们闲来无事，四处检视各人的手机新功能，最受欢迎的一定是当中的iPhone。

女儿说，她的同学已经遗失了两部iPhone，我们却连"拥有"一部都没做到，实在太落后了。

朋友说，本来不沉迷玩Twitter（推特）、Facebook（脸谱），自从换了部iPhone，走也玩坐也玩，眼累人更累，因为上班下班乘车时本来要用来小睡的时间，都奉献给了这小小的机器。

最近朋友从Youtube（视频网站）转发了一个泰国广告，题为《放下手机，重拾感动》，因为字幕是泰文，看不懂它卖的是什么广告，但转发给朋友们，大家都像被当头棒喝一般猛然抬头，为其中的画面而感动。

广告开始时是有很多人在手机上不停地按来按去，有伴着孩子的父亲、雨中走路的少女、沙滩上谈恋爱的男女……因为他们只是一直低头注视着手机画面，身旁的人就渐渐变得面目模糊起来，最终消失了。然后，一幅已经完成了的儿童画，勾起了父亲的注意，他抬起头，原来旁边有一个灿烂的笑脸在等着他，几乎快被他遗忘了……

今天走在街上，看到太多低头按键的画面——香港人没了手机会死，

有了iPhone会疯。人的关系，只建立在手指的起落之间，我们的话很多，但都在手机屏幕上闪动，抬头相对时却已无言。

路上的风光，我们错过了；骄阳和雨点，只是背景颜色；生活的故事，全在微博间；亲友的面目，都凭光纤上传；身边的人，我们一直视而不见。

这样的画面，你一定遇到过：一家人同桌吃饭，有一半的人都在低头按键，老人家就催促道："快吃饭啦，不要玩啦……"那一半人却总低头回应："马上就好了，吃饭不要紧……"

张学友有一首歌叫《回头太难》，我看今天的人却是"抬头太难"。

为什么要做李嘉诚？

唐英年[1] 让年轻人问自己："为什么我不能成为第二个李嘉诚？"

我家女儿们问："为什么我要做李嘉诚？"

"他是首富啊，很有钱……"我怂恿道。

"但他是个男人……"大女儿说。

"他还是个老人家……"二女儿又说。

"他虽然有很多钱，但80几岁了还要上班……"小女儿说。

原来，不是人人都想做李嘉诚的。

唐司长提出"何不食肉糜"之问，公然训勉年轻人要反省自己为何做不成李嘉诚，这种说法，实在太赤裸裸。

无可否认，很多香港人都想成为李嘉诚，但我们总不至于蠢到以此为奋斗目标，教科书也不会媚俗地教孩子们如何向首富学习。

我们会歌颂岳飞，解构孙中山，宣扬孔子精神，讲述南丁格尔的故

---

[1] 唐英年，香港特别行政区第四届特别行政长官参选人。

事，赞扬德兰修女的奉献，却不会把李嘉诚的发迹史编入教材，老师也不会用《我为什么不是李嘉诚》这一问作为孩子的作文题目，也不会在德育课上叫年轻人反思生命时"想想为何自己做不成李嘉诚"。

因为，"李嘉诚"三个字的金钱标签大于一切。

虽然，我也曾以首富为例，教女儿们做人的道理，但说的都是"人家虽然很有钱，但也是用白粥做早餐"，或者"首富掉了两块钱的硬币在沟里，都要坚持捡起来"的小故事。我们可以让年轻人学习李嘉诚节俭、简朴的作风，而不是学习他穷一生之力搜刮财富的行为。

这就叫作价值观。

唐司长在对满腔热血、寻找出路的年轻人施教时，竟以财富作为衡量一个人成败得失的准则，这就是价值观彻底崩坏的例子。

我想起早前香港大学大锣大鼓地为一位月入十万的毕业生开了个记者招待会，这种以收入衡量学生成就的庸俗与堕落行为，跟唐英年的"为什么做不成李嘉诚"实在是有异曲同工之处。

赚钱是唯一的志愿

前些阵子，有个内地小学生在开学谈志愿时的惊人片段在网上被广泛流传、讨论：

"你长大了想做什么？"记者问。

"做官。"孩子答。

"做什么样的官？"

"做贪官。"

"为什么？"

"因为贪官可以有很多东西。"

请注意，孩子想要的，是"很多东西"，而不是很多钱。在内地当贪官，钱只是其一，其他实质的东西好处，才是源源不绝的。

对比之下，香港孩子就比这个内地儿童更实际、更"铜臭"。

在香港，如果你问孩子们的志愿，无论他们想做什么都好，只要问他们"为什么"，十之八九都会回答："因为可以赚很多的钱！"

"我长大了想做商人。"

"为什么？"

"因为可以赚很多的钱。"

"我长大了要盖楼。"

"为什么？"

"因为卖楼可以赚很多的钱。"

我家女儿在这方面比较单纯："我长大了想做小巴司机。"

"为什么？"

"因为人人都把钱送到司机手上。"

"做医生可以赚很多钱吗？"女儿问。

"是的，但做医生一定要读很多的书。"我说。

"那做什么是不用读很多的书，又能赚很多的钱？"

"？"

那天听到有位新闻前辈说起"香港价值"，我忽然想：香港价值，除了钱，还剩下什么？

我们在教孩子时总少不了这种金钱挂帅的灌输："你再不用心读书，以后只能做乞丐了！"

女儿经常梦想做画家，躲在家中画画，大家嘴上鼓励，心里却叫苦，实在的亲友更是当面直斥：做画家，要饭啊！

有个朋友是做测量师的，身家已经够孩子吃到死了，但一听到女儿说想做化妆小姐，她还是忍不住责难："化妆小姐一个月赚多少钱？都不够你买个手袋的！"

女儿经常问我怎样可以有很多的钱；去朋友的半山大宅串门，她又问要多少钱才可以住这样的大屋。

在这个金钱先行的社会，你不可能杜绝孩子有这种想法，媒体里歌颂的也都是某某有多少亿身家，谁谁身上的行头值多少钱……我们哪有资格

嘲笑人家的贪官志愿呢?

　　网上讨论区已经有男孩这样说：“我就想做风水师，像陈振聪[①] 那样的，赚钱过亿。”也有女孩憧憬：“做靓模有什么问题，像周秀娜[②]，又不是卖身卖肉，不用读书也不用费脑子，摆个pose（姿势）就能赚到钱。”

　　有人说孩子是父母的一面镜子，我觉得两代人其实都是复印机，输入一个错误指令，进一张白纸随时会吐出一页漆黑。

---

　　① 陈振聪，香港商人，业余风水师，因声称自己是香港华懋集团已故主席龚如心遗产的唯一受益人而声名大噪。
　　② 周秀娜，香港知名模特。

本能的缺失

今时今日父母要带孩子上街，一个超大的背包或者手袋是免不了的装备。

婴儿期我们叫那个为"奶粉袋"，里面有冷热水壶、奶粉奶瓶、尿片胶垫、纱巾毛巾湿纸巾……孩子大一点以后，我们的背包会换上儿童餐具、玩具、替换衣服……甚至一个大的儿童厕板。

当中的一件物事，带孩子的妈妈总会随身配备，就是小剪刀一把，用来剪菜剪肉剪食物。

对比其他国家，我们总觉得香港孩子吃剪碎食物的频率多得过分。一岁时牙齿未长齐，吃剪碎的食物还有点道理；很多孩子已经会跑会走、满口乳齿了，仍要妈妈把食物剪成茸状才放进嘴里，这就成了一种病态。

做爸妈的会说：菜太长了容易噎住，肉太大了容易窒息。于是在家做饭时总会把食物打成茸状，外出吃饭没条件时就用剪子剪碎，再喂进孩子的嘴里。

小孩子只须张嘴、吞咽，就完成了吃的任务。那些乳齿就像肚子里的盲肠一样，成了一种多余的器官。

我碰到过一个小女孩，九岁时仍在吃剪碎的食物，那位妈妈说她最擅长做"拆骨切条凤爪皮炒肉碎"，我却哀叹这个小女孩的一排乳齿，直到掉牙的年龄还没有发挥过作用。

　　还有一个男孩吃手撕鸡也一样，手撕鸡已经去骨了，还要剪碎，吃下去连味道都变了。这一代的孩子总是挑三拣四，多少是因为吃了太多剪碎的食物，失去了吃的乐趣。

　　一只鸡翅或鸡腿，自己拿着慢慢吃跟用剪刀剪碎吃的味道，肯定截然不同。虽然为父为母的总是认为，我肯剪、他肯吃有什么大问题？花点工夫避过一切可能噎死的危机也是错？事实却是人有天赋的动物本能，一排牙齿的出现总有它的存在价值。

　　近年来已经有医生发现这种"剪食物潮"的后遗症，就是香港孩子的颚骨发育比外国孩子慢，门牙的牙床也比同龄外国孩子的细小。

　　无须咀嚼就把食物送进肚子，孩子的门牙口腔颚骨一带，几乎没怎么使用过，于是逐渐退化，这是生物繁衍的正常规律。

　　所以，当你看到孩子长出新牙，在兴奋的同时也请放下剪刀，让小牙齿发挥它们的原始作用吧！

期待一场教育革命

这是一个台湾企业家的故事……

育有一子一女的王品集团董事长戴胜益先生，宣布捐出80%的财产用做公益，这个台湾餐饮连锁集团每年的营业额逾50多亿新台币，但企业家老爸却只将5%的财富留给了儿女，还设下35岁才以可动用的限制条款。

断了孩子的"财路"是戴老板的育儿哲学，他说"王品"这座江山是他自己白手起家打拼下来的，如果孩子们也想要一座大好江山，对不起，请自己努力。

又听过另一个故事……

有一天，一个美女听到舒伯特的琴声，非常神往，她对舒伯特说："让我嫁给你吧，那我们将来的孩子，就会拥有我的美貌、你的才华。"

舒伯特说："如果孩子继承了我的样貌、你的才华，怎么办？"

每个人的容貌声音性格脾气，都可以从父母身上得到传承，唯独智慧与经验是从后天而来，绝对没有遗传这回事。

今日的父母，都把爸妈的身份当作上帝，为孩子铺好要走的路、要说的话、要交的朋友、学习的速度、未来的目标……人人所学如出一辙，个个赶赢在起跑线上，谁都不愿意落后，谁都不会落后。

我们的"教育工厂"正在制造一批批一模一样的下一代，这里没有百花齐放，只有成王败寇。

人家说一代不如一代，我们是一代快过一代；以前三岁上学都算很早了，后来两岁的孩子都收了，现在一岁的也要爬着进校门。

家长抓狂了，因为教育制度越来越疯狂；家长变成了怪兽，怪兽逼出了"港孩"，大家浮沉在教育旋涡中，半死不活。

如果我们对香港的教育还有所憧憬、有所奢望，我想我期待着一场革命；我们要的不是孙明扬[①]，而是孙中山，用推翻一个皇朝的气魄推倒一切，重头再来。

有一回听亲子讲座，台下的一个观众问演讲者："有什么办法能让太太在帮小朋友做功课、温书时别那么'燥'？"

演讲者回答得妙："耐心等，等孩子合上课本，她自然就闭嘴了，问题也就解决了！"

对啊，阿妈发癫的时间通常是从孩子摊开课本开始，合上课本结束，万试万灵。

---

① 孙明扬，1966年在香港行政部门工作，为政务主任。2007年6月23日，国务院任命孙明扬为香港特区政府教育局局长，2007年7月1日起履行职责。

孩子一旦步入"倒模教育工厂"，就等同于一家人齐步走进集中营的毒气室——原来我们都在参与一个集体坑儒的行动。

两千年前秦始皇的焚书坑儒，不过是在形式上把一切有形的知识摧毁，但今日的香港教育，却是彻头彻尾地来了一次肉体和心灵的集体坑葬，从此以后，知识分子将成为稀有动物。

几十年来，我们一直在冤枉路上兜圈，我们的教育总是以分数为本，以证书为本，以成就为本，就是从不以人为本。

如果我们对教育还有所憧憬，我期待着一场革命。

 **Chapter ②**

孩子是我手上的
十克拉钻戒

　　一句"为孩子好"，父母就要把子女打造成"十项全能"，用奖牌、证书铺就成功之路。走在红地毯上的家长，多少都有点炫耀"你看我苦心打磨这十克拉钻戒"的虚荣。

然而，栽培孩子的"铁人计划"，最后的成功该如何定义？是考上一所名牌大学？是找到一份薪水优厚的工作？是十几年读书生涯中无数的100分，还是拥有一个自信、快乐的人生？

一个大学学位，如果要用整个童年的眼泪去换，你还会让孩子走这样的路吗？

孩子是我的电子宠物

半年前在香港出了本小书《怪兽家长》，半年后就已经卖到第六版了。本以为家长会是主要的读者，却收到了大量教师的来信支持，有的甚至用"感同身受"写了读后感。

更没料到的是，读者中竟包括了一些未结婚或者未为人父母的年青一辈，有个男生给我寄信，原来他在书里看到了自己的童年、父母的影子；有个小学五年级的学生看完后告诉母亲："这本书最适合你看，讲的都是你……"

我一直狭隘地以为"怪兽家长"只存在于学校里，很多找我做访问的记者也只是单一地写些教育专题，结果却发现，"怪兽"已经发展到了无处不在、无孔不入的地步。有几个医生朋友看完我的书后也来抱怨："你怎么不找我搜集资料呢？我有大把的案例让你写呀，打开门做生意，一天都不知道会遇到多少'怪兽家长'呢……"

非常感谢澳门的宏达图书中心用了一整列的橱窗、共两大块落地玻璃来展示我这一本书，听她们说，原来澳门近年的经济腾飞已经造就了大量的"怪兽家长"。

有个来信的父亲说得精辟："我们根本就是把孩子当作了电子宠物！按一个键，要他吃就吃，要他拉就拉，我们从没想过孩子的感受。"

有一次到学校做讲座，之后有个父亲问我："你会不会打孩子？"

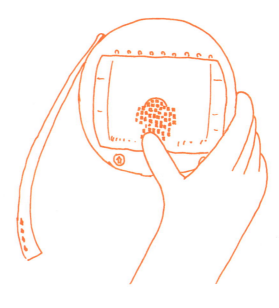

"会。"我如实说。

"唉，那还好……"他安心地离去了。

那是一个彬彬有礼的父亲，我想象不到他回到家里对着孩子厮杀喊打是什么样子，但那声"唉"，已经透露出了他的迫不得已。

亲子专家有上百种方法教父母对孩子不要打骂、要讲道理，但如果你明白今天的教育处境，你就知道我们连讲道理的时间都花不起。

有些东西，有些事情，你明知不对，但还是做了，譬如打孩子，譬如逼孩子读书，譬如"怪兽行为"。我家孩子读的不是国际学校，我们跟大多数人一样走在同一条苦路上，没有飞出政府手指缝的条件，对于一切逆境，只有逆来顺受。唯一能与大家共勉的是：这条路上，你并不孤单。

外包教育

早前看翡翠台"星期日档案"中的一个"港孩"专辑，记者介绍某小学为孩子们特订了自理能力课，让孩子们有机会学习扫地、抹桌子。

画面所见，一班小学生学习使用垃圾铲，我和丈夫在电视机前不禁摇头叹息：这些本该是妈妈教孩子的生活本能，怎么都推给教师们来做了？

"港孩"啊"港孩"，社会讲得多了，家长们就觉得问题严重了，大家又一窝蜂地去找出路了！于是，坊间冒出了一种新课程叫"自理能力班"，爸妈又忙着付钱把孩子送到这种"另类生存"的补习班中。

学自理，不便宜，随随便便就要花掉几百上千块，学习扣钮扣、穿衣服、系鞋带、收拾书包、扎辫子、剥橙子、吸尘、洗碗……幸好课堂环境不许可，否则还要教孩子们冲凉、洗头，毕竟，七八岁还不会自己洗澡洗头的孩子大有人在，我见过最经典的"案例"是一个12岁的大男孩，天天还要妈妈为他搓泥擦背。

最近又发现了一些独特的"兴趣班"，200港元一堂课，替家长教孩子学习使用简单的电器，如电饭煲、电水壶、电磁炉、烤面包机、微波炉、榨汁机等等，还"加送"教授最基本的淘米、煮饭和烧开水！

我建议各小区中心在搞亲子烹饪班之外，不如再加插一项"吐骨头证书课程"，因为在当今这个"吃人不吐骨"的时代，"吃东西吐骨头"已

经反智地成为孩子们罕有的超能力了。

　　政府、大公司、大集团喜欢把较为低下、繁复的工种外包出去，大概是耳濡目染，今日做家长的也沾上了这种风气，把教育孩子的责任——外包。

　　孩子的个人成长，我们外包给菲佣；子女的学业前途，我们外包给补习班；体能锻炼，我们外包给游泳班、球队或拳馆教练；身心陶冶，我们

外包给琴行、棋社或舞蹈学校……发现孩子有什么不足，解决的办法就是赶紧找来相关的学习班为他们补救；惊见孩子有某方面的潜能，又赶忙找到有关精英培训把那些蠢蠢欲动的本事发扬光大。

难怪，社会上古灵精怪的"孩子进修班"越来越多，多亏了这代"港孩"，衍生了好多门生意，养活的人数难以估量。

近月我常到学校做家长讲座，好多人都会问这样的问题："怎么才能让孩子不变成'港孩'，让自己不当'怪兽家长'？"我看到的结局好悲观："港孩"和"怪兽家长"是灭绝不了的！

我们和孩子，一直是支撑课外大生意的幕后主使。俗话说：树倒猢狲散，如果我们不做"怪兽"，孩子们就变不成"港孩"，社会上的那些补习班、琴行、舞蹈学校、外语学校等大生意、小铺子就要齐齐关门大吉了，这将造成何等恐怖的经济沦陷？呵呵，往乐观处想吧，原来我们的"怪兽行为"正在支撑着香港的经济命脉。

亲子作弊大行动

比谁读的书多，是近年来出现的一个怪现象。

早前看过一则报道，香港康文署有个"青少年阅读计划"，得奖者是一个五岁的小孩，一年内他一共看了3 000本书。

好多人一辈子都未必看过3 000本书，这个小孩，一天起码就要看十本。

我没有怀疑过这个孩子读书量的真实性，五岁小孩看的书的字数应该不会太多，一天看十本绝对是有可能的事，但，读书是比谁读得多吗？我只是这样想。

遇到一本好书，看了又看，小孩子尤其爱做重复的事情；假若重看了十次，该算是看了一本还是十本？

中学时我为了做课外阅读报告看了《儒林外史》；大学时修读中文系，四大小说又是必读必研的作品；出来工作以后体验了人事纷扰，再捧卷细读，又有另一番体会。算起来，我看的是同一本书，但得到了三种不同的顿悟，如果要比，这该算一本还是三本？

最近女儿拿回来一本小册子，不知是不是同一个

"青少年阅读计划"，但精髓一样，就是比读书。

女儿说，每借一本书就把书名、书号抄下来，给图书馆工作人员盖个印章，储齐100个印章，就会获发"嘉许状"，全年看书最多的50个人再另颁奖项。

乍听之下，觉得计划不错，女儿最初一鼓作气，隔几天就会去图书馆借足最高限量的六本书，努力看，努力盖印章。一个月后，静下来了，没有人再提起去图书馆的事。

"不借书了吗？"我问。

"不想玩了，大家都在出猫（作弊）……"女儿这样说。

原来，孩子们为储够100个印章，课间时和午饭后就坐在图书馆里抄书号，借一本抄完，还回去，再借另一本。妈妈们也在帮忙，在公共图书馆里借呀借，抄呀抄，一个月不到，就储满了100个印章。我家孩子奉公守法，无论如何也追不上人家的进度，于是就自动放弃了。

书继续看、继续借，只是不再热衷于盖印章，慢慢地连小册子都不知道塞到哪里去了。

跟比读书多一样奇怪的故事还有许多。

女儿的死党天天都吃水果，适逢学校有吃水果比赛，老师发下来一本小手册，只要每次吃完水果找家长签名作证，回校后就可以请老师盖一个印章，储齐到某一数目的印章时，就可以换礼物。于是，头两个星期，大

家都兴致勃勃地吃呀、盖呀。

然后，女儿的死党发现一些讨厌水果的同学的印章竟然比她还多，细问才发现，原来又是"亲子作弊大行动"。

"那些同学明明没吃水果，但爸妈跟孩子一起作弊，竟然成功骗过了老师，拿完小礼物，再拿大奖。"

本来是有意义的亲子活动，结果却演变成了父母子女狼狈为奸的把戏，没什么利益的课余活动尚且如此，如果是要争学位的计分项目，古怪诡计之多便可想而知了。

"别理人家，你吃下去的是一个苹果，别人吃下去的只是一个印章，你说谁有好处？"孩子的妈妈这样教她。我欣赏她的不为所动，众人皆醉我独醒，以后我也拿这句话来开解在比赛中输掉的女儿。

我家孩子爱画画，但她们早已习惯了在绘画比赛中落败，我常安慰她们说："不要紧，你们年纪还小，不可能比赢大人，尽自己的力量发挥就是了！"

已经是公开的秘密了，那些拿回家画的比赛用的画，十之八九都有大人参与，家长也好，画室老师也好，倾巢而出地帮忙，输掉是情理之中的。

至于打着"亲子牌"搞的比赛，更能名正言顺地由家长代劳；两代人的参与，比例几乎都是九比一，父母是九，孩子是一。

还以为只是小学生在"怪兽家长"的推波助澜下变了质，原来大孩子们一样有好事变坏事的问题存在。

刚收到一个高中生的邮件，说那些"义工服务奖励计划"，本意是表扬热心服务社会的学生，没想到也有人在这里面钻空子、寻利益。

因为想要有份比较好看的简历，况且高中还有个叫"其他学习经历"的学分，于是，做义工成了拿证书、得学分的一个最方便的渠道。

一件好事，因为一纸证书变得功利起来；做义工的目的不是助人，只是为了获得奖状。

虽然，这种"证书鼓励法"可以让更多的年轻人加入义工的行列，或许有一天，某些怀着目的而来的人真的会爱上奉献社会，但不是发自真心的助人行为，又是一种健康的道德教育吗？

"我也分不清楚这样的奖励计划是好还是坏……"这位高中生如是说。

名正言顺的打孩子行为

家长聚会，谈话的内容总离不开孩子。

"你会不会打孩子呢？"有人问。

"怎么会不打呢……"大家异口同声地说。

这是一个很有趣的话题，也是一个很吊诡的现象，体罚，已经被列为罪行，奇怪的却是每天在各大小家庭内发生的打孩子行为，似乎名正言顺。

家长A说，有一回被怒火冲昏了头脑，狠狠地用藤条在儿子的屁股上抽，激动过后，检视伤势，发现藤条的痕迹又多又深，一脱下裤子，远近都能看见，于是对儿子说："你想不想妈妈坐牢？"孩子大惊："不想，不想，我不要妈妈坐牢！" "不想的话……你明天开始，在学校上厕所要进厕格，关上门，不准用尿兜小便，否则，让人家看到你屁股上的藤条痕，妈妈可要坐牢了，你以后休想再见到妈妈！"

我们听后都哄笑："好绝呀你！"深想一层，这种做法实在是悲哀，平日里纵使我们如何教育孩子要诚实、要勇于承担，一轮体罚后，面对一身的藤条痕，就会把一切价值观推翻。"你要学聪明点，别告诉老师……"好多家长都是这样跟孩子事后告诫的。

当然，纸总是包不住火的，孩子们天真无邪的嘴从来都不懂修饰，家长B说："儿子有次默写拿了98分，却在教室里哇哇大哭起来，老师问他干嘛哭，他竟如实说：'拿不到100分，回家会被妈妈打死的……'真被他气坏了，没打先报案！"

家长C跟我一样有三个孩子，她问我：

"你会打她们吗？"

"你说呢？"我反问。

"我对着三个小孩，天天都变疯婆子，不过见你斯斯文文的，不像是打孩子的那种人……"

"打孩子的人长什么样啊？"

"有时打完孩子碰到邻居会好尴尬，总觉得人家看你的眼神像是在说：'看你平时斯斯文文、客客气气的，原来这么凶啊！'"

"所以呢，我是会打的。"我说。

我常想，一个孩子，我可能不会出手，三个一起疯，要平乱，武力镇压是唯一的方法。

亲子专家说的惩罚孩子的法门有面壁思过、冷静区……比起体罚，这些固然是有效的、能用的、正确的，只是，我们都没有那么多时间。

生活太急太赶，哪个家长不是天天向孩子咆哮："快点做功课……""快点吃饭……""快点冲凉……""快点温书……"我们花不起让孩子面壁、冷静半个钟头要花的时间代价，半个钟头，可以抄写两课书、算几十道数学题、学写十多个生字……

面壁半个钟头，再讲半个钟头的道理，大家破涕为笑，一看，时间已经11点了，啊，明天的英文默写还没温习，怒火，又起来了。

桌布上的虾饺

跟《港孩》一书的作者黄明乐一起办了场"港孩vs.怪兽家长"的讲座，席间，我向台下的观众问了一个问题：

"喝茶的时候，你不小心掉了一个虾饺，虾饺落在餐桌布上，这虾饺，你是吃还是不吃？"

台下有好些人都在摇头，有些在思索，一位抱着女儿的父亲举手高叫："吃，我吃！"不浪费食物，很好，但注意，他说的是"我吃"，而不是"我女儿吃"。男人，或者父亲，从来都是扮演这种人弃我取的角色。

后来回想，问题应该更正为："你家孩子夹的虾饺掉在了桌布上，你让不让他吃？"

跟不同的亲戚朋友外出喝过茶、吃过饭，发现大部分人都不会吃掉在桌布上的食物，理由很简单：桌布很脏，因为我们不知道其清洁程序和放置地点。

有一回，四个女友各自带了子女出来喝茶叙旧，七八个

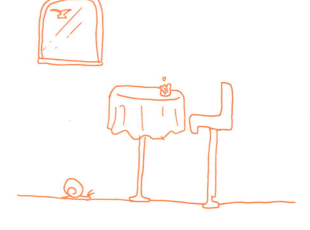

孩子用筷子的能力都很有限，一轮穿插过后，食物被夹得天一半、地一半，桌布上最少有一个烧卖、半条肠粉、两块排骨……

我把我家女儿掉的烧卖夹回到孩子的碗里，朋友严斥："那么脏别吃啦……"我望着烧卖，舍不得："有多脏呀？""有细菌呀！"朋友一向谨慎。

"掉在桌上才一秒钟，可以吃的，妈妈说过不能浪费食物！"开口帮腔的竟是女儿。

"到时如果拉肚子看医生，你就该着急了！"朋友告诫。

孩子对食物的概念，绝对是由家长赋予的；有些人天天都会把剩菜倒掉，虽说吃隔夜餐没什么好处，但孩子天天耳濡目染，见证一幕幕把食物扔进垃圾箱的画面，就会在脑海里输入"食物是可丢弃"的印象。

现代人浪费食物的经验其实不少：吃不完的剩菜、掉在桌上的点心、过了期的零食、滚到地上的朱古力、人家送的却又不合你口胃的食物、圣诞新年收到的过量糖果……最后的结局，通常都是进了垃圾桶。

我见过一个孩子，打开一包薯片总是吃一半、丢一半，"因为想让他过过嘴瘾，又怕他吃太多热量高的食物……"那位妈妈说，"有时候买了一筒糖，吃了几粒，我会在他不注意的时候整筒丢掉。"总觉得，无论那是垃圾食品还是主食，眼睁睁地看着把一些能吃的食物丢弃，都是罪孽。

有时我非常庆幸家里有个三孩子，一包薯片，只有不够分的份儿，没有怕吃得太多而要丢掉的烦恼。

电子奶嘴

假期带孩子逛街，不约而同看到几幕相同的景象：一个坐在婴儿车上的孩子在玩iPhone。

半小时之内，在同一间商场，这样的孩子我们就碰到了三个。

每回遇上，我和三个女儿竟心有灵犀地作了个眼神交流，心照不宣。

"想说什么？"婴儿车走过后，我问。

"两个问题……"女儿抢白道。

"第一，如果要坐婴儿车，那么他应该就是婴儿，婴儿为什么要玩iPhone？第二，如果已经懂得玩iPhone，那么就不是婴儿了，不是婴儿还坐什么婴儿车？"

我们一致认为，近年最难以理解的城市画面，就是一个个坐在婴儿车里玩iPhone的孩子！

"潮流已经不兴用奶嘴了！而是用iPhone，这个奶嘴是'按'的，不是吸的。"我回答了女儿的第一问。今日的婴儿奶嘴是iPhone，孩子一跟家长哭闹，一部iPhone便立刻塞进小手，说停就停，万试万灵。

况且，今时今日，婴儿车已经非婴儿专利，举目可见人高马大仍赖在婴儿车上的孩子大有人在。此乃

女儿观察到的第二个问题。

有一回坐小巴，看见一对夫妇艰辛又难堪地抬着一辆坐了人的婴儿车上来。只有16个座位的车身有多宽敞大家心里有数，做爸爸的把孩子连人带车地捧上小巴，做妈妈的则走在后头一直向车里的人赔不是。婴儿车穿过窄窄的过道，车身撞到了所有的人，最后夫妇俩一脸尴尬地坐在车尾不挡路的位置。

推过婴儿车坐交通工具的父母都知道，我们通常会先折好婴儿车，再手抱婴孩上车，很少有这种"抬轿阵势"。于是，我对这"轿"上的婴孩十分好奇，不禁回头一望，原来，竟是个貌若三岁的女孩，正坐在"皇椅"上吃雪糕。

"很明显，她是会走路的！"以我家女儿的判断，能吃雪糕，已经不是婴儿了，婴儿不该吃雪糕嘛！

中途下车，也是由那位爸爸抬着，走到半路，轮子勾着了什么，动不了，司机在骂："把车收起来啦！"全车人都在等他们，那位爸爸的脸都涨红了，一手拦腰抱起孩子，一手折起婴儿车。同一时间，腋下的孩子哭声如雷，腿也缩起来了："我不要下地呀，不下地呀……"

三个人挣扎拉扯着下了车，那孩子腿不沾地地又坐回婴儿车里，全车人都在议论：是孩子太骄纵，还是父母太宽容？

大孩子坐婴儿车，本来就是都市奇景；我一直以为那些婴儿只是生得特高、长得"大只"而已，或者，他们实在不会走路。不过，一部iPhone明显让孩子的年岁露了底。

顽童医生的感慨

我家小区里的医生见惯了我们这些街里街坊的常态，以为孩子都是如此爬爬走走没有仪态、天真无邪无见识。

医生很年轻，是个很有童心的大男孩，没有孩子，一见到女儿跟我来看医生，就兴致勃勃地逗她们玩。医生是个咏春高手，大概练功练得多了，手很大，最喜欢张开手掌一手罩住女儿的脸，或者蒙着脸跟她们玩变脸。

每次光顾，总有意外礼物陪伴我的孩子，他知道我二女儿喜欢恐龙，更特别把自己收藏多年的三叶虫化石送给她。

孩子们还收到过一枚恐龙牙齿化石的仿制品、七彩蝴蝶标本……惹人厌的女儿们都爱在他的医务所里添乱，摸这摸那都不会被责骂，还可以把玩那副立体活动骷髅骨架，或者指点墙上那幅"不穿衣服"的人体解剖图。

前些阵子，医生星期天跑去帮朋友做替工，那里是个高级的私人屋苑，来的客人全是有学识的中产阶级。

一坐下，医生又露出顽童相，张开大手跟孩子玩变脸，谁知客人一个箭步抱着孩子后退，投诉医生手上的细菌太多，怎么可以贴上孩子的脸！

下一位进来了，"This is a stethoscope."（这是一个听诊器。）母亲

指着医生的听诊器教儿子，"呀，呀……"那孩子，还不到两岁！

又一位，病历表上写着法国名字，却来了两个中国人抱着半岁的小婴儿。

"你们是法国人？"医生问。"不，都是香港人。"父母操着纯正的广东话回答。

"孩子的中文名是什么？"医生又问。"没有，她一直都用法文名……"

原来，不同的区域，病人的质素态度都不一样。

这天，医生重回自己的医务所，终于松了一口气，他告诉我："还是你家孩子的屎尿屁笑话畅快！"

～⤵身體檢查～

你不可以吃太多野！

醫生

苹果核与鸡胸肉

每次晚饭后吃苹果，总会想起这个故事……

朋友是个孝顺女，从小到大在家吃饭都只吃鸡胸肉，因为她觉得人人都会喜欢吃有骨头的鸡背、鸡腿、鸡翅膀，于是先下手为强把鸡胸肉干掉，想把她认为最好的留给父母。

爸妈一直理所当然地认为这孩子爱吃鸡胸肉，每次在有鸡的饭桌上，妈妈每一筷子都会把鸡胸肉夹到女儿碗里。

这鸡胸肉的传说不知怎地已经成为了友侪间的印象。那天，跟她吃饭，几个朋友在抢吃鸡背，大家感恩地对她说："好在有你，我们个个都不吃鸡胸肉！"

"谁说的！"她按捺不住抗议了。

"咦，你每次只吃鸡胸肉呀……"大家对她的印象都很一致。

朋友这才和盘道出，原来，她一点都不爱吃鸡胸肉，因为谦让，却稀里糊涂地吃了几十年。这位朋友以为人人都爱吃鸡腿和鸡翅，于是每次吃饭都与世无争地只挑鸡胸肉；父母误以为女儿爱吃，每次也把鸡胸肉满满地塞进她的碗里。谁知朋友最近才发现，妈妈原来才是鸡胸肉的捧场客。

　　"有一回我吃完晚饭，见饭店里的盐焗鸡很有水平，就特别买了半只回去给爸妈做宵夜。谁知，这只没有女儿同吃的鸡，爸妈首先干掉的就是几块鸡胸肉。女儿奇怪地问爸妈："你们吃鸡胸肉的吗？""当然啦，很喜欢啊……"嘴巴忙得说不了话。"那你们为什么每次都把鸡胸肉给我吃？"朋友问。

　　"你喜欢嘛……"爸妈异口同声。

　　"哎呀，我以为你们不喜欢……"朋友捶着胸，"这讨厌的鸡胸肉啊，因为一场误会，我竟吃了它几十年！"

　　为什么这个故事跟苹果有关联？因为每次切苹果，切出一片片白色的果肉，递到孩子们跟前时，我的嘴里总是咬着那个还有一点点果肉的苹果核。

　　"妈妈最喜欢吃苹果核了……"那天，不知是谁说了这样的话。

　　我连声抗议："别把看见的视为真理，告诉你们，每个吃苹果核的妈妈都爱吃苹果肉的！"

生日会上的成就展示

这年头，孩子们都被"婴儿化"，家长们惨被"怪兽化"，凶悍父母的尖角獠牙四处可见，甚至延伸到欧美大国。

早前看了明珠台的纪录片《娇生惯养》（*Hyper Parents*），一直以为是东方父母专利的"怪兽行为"，原来在思想开放的美国和加拿大，一样吹起了这股疯狂的管教潮，一样满街的"怪兽家长"。

记者来到大学入学简介会，场内问讯的竟是父母多于子女。网络国度的宠孩子方法也与别处不同，那里竟有家长为孩子植入卫星定位芯片，让父母可以随时追踪子女的去向。

跟我们一样，中产阶级的孩子一样有一岁就学游泳、练体操忙个不休的，幼儿园毕业典礼一样是四方帽加礼袍，然后围着一大群家长在拍照、拍纪录片。

原来"怪兽家长"已经成了世界潮流，只是中国人向来做什么都特别投入、特别疯狂。

纪录片里有个黑白画面是上世纪的一个男孩在吹蜡烛，旁白说了句"When birthday is just a birthday, not achievement."（生日只是生日，而不是成就。）时，我的感受颇深，一直很难向人道明为什么我从来不为女儿们搞生日会，对了，这就是我的答案。

记者采访的个案是一个走路走得颤颤巍巍的小女孩。她在生日会上戴着公主的王冠，父母还真请了个迪士尼的灰姑娘来献吻助兴。生日蛋糕不是那种美心圣安娜或者东海堂货色，而是特别找专人设计、一笔一笔涂上颜色的，美得像是一件工艺品。我想，这绝不仅仅是一场生日会，而是成就展示。

我参加过一个小孩的生日会，女主角同样被装扮成公主，然后主人家就吩咐参与聚会的40多个孩子排成两行，男孩们各手执一枝玫瑰（是真花，而不是塑料花），女孩们则拿着汽球，逐个上前，向"女皇"贺寿，朝坐在宝座上的女主角屈膝半跪，吻手献花献汽球。

小女孩不耐烦这场"马戏"，一边收花一边哭，父母边录像边催促献礼的小嘉宾们行动要快点，因为"公主"哭了，得赶快把这段节目录完收场。

我家女儿因为是"嘉宾"之一，所以被逼着排队献气球，她倒不介意向好朋友屈膝，却对其他小宾客的那句"我送的那份礼物大过你的那份"而耿耿于怀。

那不是一场生日会，而是一项父母的成就展示，至少，我和女儿都领教过。

"学"就一个字

有报章专访了一个五岁学了13种课程的小男孩，单看标题，已然震撼。

当然，对于某些父母来说，可能不是新鲜事了："我家孩子都学十样八样啦……"但隐隐觉得，这种越来越普遍的趋势，似乎有日渐恶化的迹象。

朋友的孩子，岁半就已经参加了日文和法文班，对于学说话，他其实只在"咿咿呀呀"的阶段，每个星期都由菲佣抱去上的几堂课，他究竟学了些什么，无人知晓，倒是菲佣学会了几句能作简单沟通的外文，顺便给自己增了值。

亲戚的儿子，两岁就已经上普通话的课外班了，认识了几个诸如"苹果"、"葡萄"、"爷爷"、"奶奶"的简单词组，妈妈便欣喜若狂，我想，这些上了幼儿园或者小学便会学的字词，只是比别人早一点认识，又有什么值得可喜的。

报上专访的那个男孩能登在头版，当然有过人之处，譬如他其中的一张照片，显示他就是拳馆中最年轻的黑带！孩子的妈妈说出了所有家长的心声："小孩子不学，将来怎么办？"

"学"，把孩子送去学这学那的家长，普遍都会用这个字，证明大家心里都有这种潜意识。尽管嘴上说得堂皇：让他学多点东西呀、装备自己呀、多懂点傍身的技能呀、锻炼体魄呀、学习沟通呀……说到底，还不是

一个"学"字!

"学"的目的，除了赢过别人，没有其他。

几个同年代的朋友聊起："我们小时候的课余活动哪有'学'这回事?"

"如果当年多学点的话，我们的成就一定不止于此……"甲打趣地说。

这个没"学"什么的甲，现在已经贵为大学讲师，所以说，对于"学"这回事，真是见仁见智。

有的家长会说："人人都学，你学的话，还有点竞争力；不学，肯定会输!"

对了，既然人人都在学，那么你又赢了什么? 如果人人都会游泳，你也会，这有什么不同? 如果人人都懂小提琴，你也懂，那有什么特别?

听说有个妈妈逼孩子学游泳的理由就是恐吓他："你不会游泳，将来陆地淹了你就等死吧!"我照本宣科地拿来吓唬家中不肯学游泳的大女儿，这个"驳嘴王"一句话就把我轰回去了："陆地真要是被淹的话，会游泳的也死啦!"

我忽然"阿Q"起来，心里瞬间坦然：大女儿虽不懂游泳，但至少懂得思考。

妈妈的特异功能

"听说虐待抓来的间谍有许多方法，其中之一，就是晚上每15分钟叫醒你一回，让你整夜都睡不好。"

朋友这天在Facebook上分享带孩子的苦乐时，如此开始她的故事。

"睡一个好觉"几乎是所有妈妈的心愿，朋友的怨言刚写下，回应便如雨雪纷飞一般，看来一晚醒几次本来就是做父母的必经阶段。

"这种精神虐待，要等孩子长到多大以后才会完？"妈妈们诉苦之后，最想找到的是这个答案。

孩子半夜起床的原因很多：尿急、梦醒、热醒、冻醒、噪音吵醒、忽然醒了睡不着……问题在于这些原因，不会一晚用一次，最恶劣的是上述情况整夜全都用上。

三更，"妈咪，去厕所……"夜半，"妈咪，做噩梦呀！"临近天亮，"妈咪，外面有怪声……"天亮了，"妈咪，我睡不着……"

家里有三个孩子，最幸运的是能够一宿睡到大天亮，那我就会买注六合彩。可惜这种好运气总不多见，上述状况不算凄凉，最惨无人道的是将这些动作乘以三：大女儿上完厕所，二女儿做噩梦，刚安抚她入睡，三女儿又要上厕所，然后大女儿再被吵醒，三女儿被热醒，二女儿又要上厕

所······

　　如果那天晚上看了恐怖片，我注定要做个流浪者——前半夜，陪小女儿睡；中夜，二女儿摸来找我，我又要抱着枕头被铺换床去；后半夜，大女儿站在床头哭："为什么你不理我？"于是，又移步去陪她睡。

　　听说古时候皇帝怕被刺杀，每晚都睡在不同的地方，我最高的纪录试过一夜搬了五次床，丈夫说："想杀你，难过刺杀皇上。"

　　十多年的"特训"，让我练得一身好本领：站着走着都能睡。一晚走几圈，仍旧不醒，一直处于睡眠状态；这不是功夫，而是特异功能，一旦当上妈妈，你就有潜质拥有。

自食其力是留学必修课

看到从希思罗机场回来那些年轻人跟父母相拥痛哭的画面，不知就里的，还以为孩子们是刚从阿富汗或者伊拉克征战归来。

包机事件的年轻人受的"苦"主要是：在机场的地上睡了几晚、没钱花、吃不饱、穿不暖，或者受了点惊、有点感冒发烧、头晕眼花、腰酸背痛……仅此而已。

十来岁二十岁，本是最能吃苦的年纪，就当是去一趟欧洲火车之旅吧，年青力壮的，谁没睡过欧洲火车站？就当是走一回丝绸之路吧，背着大背包，走到哪儿睡到哪儿，有一顿没一顿地吃，这才不枉青葱岁月。

想得浪漫一点，一大群年轻人一起经历了变故，同喜共忧、同甘共苦，或者，擦出一段情缘，觅了一个知心人，交上几个好友。

别哭，为什么哭？宝贵经历，千金难买啊！

那年，表姐的儿子要出征伊拉克，心里千万个不愿意，还是要把孩子送上战场。然后，儿子打电话回来："这里热得太难受了，50多度啊……"妈妈说："忍一忍就好了。"冬天儿子又来电："沙漠的夜太冷了……"妈妈说："我给你寄一个小电饭煲、几根腊肠、一小袋米，有时间的话，自己做个腊味饭暖暖身吧。"

孩子受苦，父母本来就不该跟他们一起哭，更不应越俎代庖强出头。

就当是参加了一回外展训练营，在山上饥寒交迫。如何排除万难逃出生天？童子军训练、黄埔军校花钱学的也不过是这些。

可能还比野外训练容易呢！在熟悉的伦敦机场滞留，没有风险成本，代价不过是回不了家吃一顿冬节①饭，没有大危险，又不是言语不通、人生地不熟，在英国读了起码半年书，有些可能已经在那里待了几年，算是半个"地头蛇"了，有朋友有同学有人有物，怕什么？大不了回宿舍，过白色圣诞。

混乱面前，大家都忘了当初送孩子留学究竟是为了什么了。自食其力，本该是留学以后的一节必修课。

_____

① 冬节即冬至。

我们都是"虎妈"

美国的"虎妈"争辩愈演愈烈，甚至有评论说这是大国崛起的明证、美国人恐中情绪的投射等政治解读。倒是"虎妈"的讨论热潮在香港吹不成风，导演张坚庭一语道出端倪：香港一幢大厦里大概有八成家长都是"虎妈"，有什么稀奇！

既然不是大话题，或许应该在这里作点小解说，事缘美国耶鲁大学法学院华裔教授蔡美儿（Amy Chua）最近出版的一本书《虎妈的战歌》（*Battle Hymn of the Tiger Mother*）。书中分享了她的教女经验，当中的要求如：必须考第一、分数不能低于A、不准看电视、不得打游戏、不可自选课外活动、不准在外留宿、必须学琴等，激起了崇尚自由的美国人的强烈反响，甚至有人指责这位"虎妈"是虐待儿童的魔鬼。

美国人认为这种教女的方法不可思议，但为什么香港人觉得"虎妈"没什么大不了？答案很简单，因为我们都是"虎妈"。

试问哪个父母不会在上述的"不准"中被说中一两个？或者你的要求基本上跟"虎妈"没什么两样？甚至更严？

"严师出高徒、玉不琢不成器"一直是中国人教育孩子的宗旨，早年便有本风靡内地和香港的"育女心经"《哈佛女孩刘亦婷》，今日"虎妈"教出了两个成材女儿更是教育孩子从严的最佳明证。

《华尔街日报》写下"中国母亲为何比较优越？"，《时代》杂志则指出"现在25岁以上的亚裔人士，获学士学位的比例远高于整体美国人，上海学生的阅读和数学能力傲视全球"等，再次在科学上证明了"中国式育儿"的奏效。

美国人真的惊慌了，中国去年的GDP（国内生产总值）已经赶美超日了，难道中国的下一代真的会比美国优越？放心，我不这么认为。

看过国内培养的很多奥运新生代选手的纪录片，有潜质的选手都是从孩提时期就被选入训练学校重点特训的，他们的成材之路，有点像今日的孩子，从早到晚，一把眼泪一把汗，学学学，练练练，别无其他。

最后，百分之一或者千分之一熬出了头，成了奥运冠军。其余的千分之九百九十九沉落大地，流散在各省各镇，当个小教练，或者隐技埋才，做回一个平凡百姓。

有人找过那位哈佛女孩刘亦婷，据说她在哈佛念书时没什么辉煌的故事，毕业后也只是美国的一个普通上班族。

父母栽培孩子的"铁人计划"，最后的成功该如何定义？是考上一所名牌大学？是找到一份薪水优厚的工作？是十几年读书生涯中无数的100分，还是拥有一个自信、快乐的人生？

快乐，从来都是中国父母最忽视的一环，我们总是把成功看得比快乐重要。如果一个大学学位，要用整个童年的眼泪去换，中国的家长绝对趋之若鹜，美国的父母嘛，大概会义无反顾地放弃学位，宁愿孩子长大后只做个快乐的水管工。

名牌井盖

我一向是个"牌子盲"。人家一眼就能看出的衣服或鞋子的品牌，我横看竖看左看右看仍茫然无绪。

以前做记者，冲锋陷阵、飞檐走壁、翻山越海、深入虎穴……我都在所不辞，唯独派我出席一场舞会，我会死给你看。

名牌于我如浮云，要我记住满场宾客的装束，有时还要分辨真伪，看穿哪些是最新款式、型号，对我来说简直是极度不可思议的任务。所以我特别佩服那些名人、明星版的记者，他们仿佛天生就有种特异功能，一眼就能扫描出眼前的衣装。

有些朋友，明明不是名人版记者，却对名牌滚瓜烂熟，辨识A货的能力也高，原来因为久经训练，她们常常拿着杂志介绍的新货，到深圳老翻场叫人家依葫芦画瓢，弄个一模一样的超A版。

有些人明明是"月光族"，可一见到名牌店减价就两眼放光，"才三千多块，超值呀！"朋友所谓的"值"，是相对于过万的原价，但几千港元买个零钱包，对我来说又是另一种不可思议。

香港人对牌子的敏感度很高，我和丈夫却都是"名牌白痴"，耳濡目染之下，孩子们"目不识名牌"自是必然的事了。

　　人家拿着iPhone，女儿说他用的是"一个苹果被人咬了一口的牌子"，管"Nike"（耐克）叫做"一个对勾的牌子"，最经典的是那回带孩子外出，打算顺道找间电讯盈科分店查看有关计划收费的事，于是吩咐女儿抬头帮忙找："看看哪里有PCCW（香港电讯盈科）的招牌？"

　　"PCCW？哦，我知道，是井盖的牌子！"小女儿小菲说。

　　"啊？井盖？"我愕然。

　　"是呀，地上有好多井盖都是PCCW牌的。"

　　第一次听人如此形容电讯盈科，听小菲说完我才多加留意，原来街道上真的有很多PCCW的"井盖"！孩子的个头矮小，眼光都在四尺以下，地面上的"名牌"，我们都错过了。

说谎的妈妈

我是一个爱说谎的妈妈。

专家都说，跟孩子相处千万不能说谎，因为她们会有样学样。我却反其道而行之，因为做妈妈的顽皮，看着女儿们受骗的模样，实在好玩。

我的谎言通常是用来吓唬她们的。比如女儿们不听话，我就会打通电话给老师，对着空气打小报告（当然是假装的）。

那天小女儿小菲又打人了，这个小洪金宝一拳锤向大姐的粉脸，鼻血应声流出，之后就像一场自由搏击战，双方互不相让。

我叫旁观的二女儿给我拿电话过来："有人流血，要报警了，小菲你这回闯大祸了，妈妈也救不了你，政府规定打架致人流血就是伤人罪，一定要报警……"

二女儿也多加了两钱"戏码"："对呀，待会儿有记者来拍，会访问你为什么打人，哇，小妹打姐姐，再访问我，我是目击证人；然后问妈妈：你怎么教女儿的？然后就会去学校访问班主任、校长，她们会开记者招待会，公布炒了你这个班长的鱿鱼。然后警察叔叔会给你戴上手铐，拉去法庭，法官判决有罪，就会拉你去坐牢，以后都见不到妈妈了……"

捂着鼻子满脸是血的大女儿已经破涕为笑，只是在纸巾的遮掩下没有

露出马脚。

小女儿吓得面色青白，一把鼻涕一把泪："妈妈，不要报警，千万不要！"

"我知情不报，也会被警察带走的！"

小女儿左右为难。

这类谎言不用刻意道破，孩子渐长，自然会领悟真相。如今家里就只有年纪最小的小女儿仍会受骗。

有读者告诉我，她家也有类似这种天真的谎言，女儿一直以为墙角的防盗器是计算机上的实时监控镜头，可以跟不在家的爸爸联络。那位妈妈没有把真相道破，倒是常常和女儿一起"发疯"，在防盗器跟前，又是扮鬼脸，又是举起画作邀功。

我家女儿一直相信教师界有个互联网，所有的老师都互相认识并会交换情报。于是，她们最害怕的亲戚是教小学的姑姑，但凡有她出现的场合，孩子们总会规规矩矩，以免"暴行"被姑姑告发到自家学校去。

谎言，从来都是我整治顽劣孩子的"杀手锏"。

电话中的秘密天地

　　大女儿上了小学高年级，开始有为数不少的来电找她，一天起码有两三回，都是以问功课为主，偶尔也有胡扯闲聊的，她一接过电话就理所当然地走进房间，小声地讲、大声地笑，空气中交谈的是少年梦里的大世界。

　　女儿的电话量很合理，一通电话也不会超过十分钟，皆因她天真地相信"煲电话粥"会费电，是要妈妈多交电费的。

　　女孩子爱上"煲电话粥"原是意料中的事，也是少女成长的必经阶段，这条路我也曾经走过，深知有人在电话旁问三问四之烦，于是，我对她的来电从不过问干涉。

　　倒是孩子爸爸爱八卦也爱恶作剧，一有找女儿的电话，他总是拿着话筒跟对方絮絮不休地纠缠：

　　"你是谁？什么名字？找她干什么？"

　　"你跟她同班？你做完功课了没？没有？你问功课？她未必懂啊……"

94

"她去打排球了！你没打排球吗？为什么不打呀……"

有时越聊越离谱、越讲越露骨：
"她在洗手间，等一等，等我帮你看一下她听没听到电话……"

"哎呀，她坐在马桶上大便呢，好臭的，你要不要听？"

女儿总是在第一时间把电话抢过去，怕爸爸再讲下去，不知道还会说出什么丢人现眼的事。

"戏言而已，何须介怀！"爸爸作弄完人便扬长而去，倒是家中的这个"青春期"一直耿耿于怀。

朋友对家中找孩子的一切来电都严格审核："你是谁？找她干什么？"这是开场白。超过九点的来电，她会这样警告："干什么这么晚还不睡啊？"

我觉得，小女孩难得找到自己和朋友们的秘密天地，总不希望大人们问长问短、说三道四。作为家长，当然会好奇孩子究竟交了哪些朋友，但对少年人的查探，最好别直接审问，应该退一步来旁敲侧击。

"咦？这个电话号码好熟悉啊！"我说。

"是呀，是××的电话。"女儿自动报上。

"哇，她在家里都用手机打给你？"

"不是，她在补习班呢。"

"哪个补习班？"

"YY补习班。"

"不如你也一起补啦！有个伴嘛！"

"不要。"

"××都补啦，有什么不好？"

"她不一样，她爸爸妈妈离婚了，没有人管，奶奶又不懂得教她功课……"

孩子老友的故事，都是这样左右言他地聊出来的，有时甚至聊出惊人奇闻，如老友曾被父亲的朋友性骚扰、同学的爸妈在闹离婚、同学情绪低落想自杀……

见到孩子放下功课，捧着电话，做父母的不一定要煞有介事地急着逼问，要往好处想，女儿可能在做一个小社工，正在开解另一个伤心孩子的心灵。

Chapter ③

落后在起跑线上又如何？

　　孩子走的路我们都走过，回想我们的前半生，我们考过多少次试、测过多少次验、默写过多少回书？三四十年前某一次试卷上的那个分数，影响过你吗？拖累过你吗？找工作面试时，老板质疑过你小学三年级时数学科目上的一分半分吗？

刘翔每次跑110米栏都在起跑点输掉半秒，那种落后于起跑线上的习惯，影响过他世界"栏王"的地位吗？

当世人都在为小数点后那零点零几的差异争到头破血流时，走慢一点的孩子，也许更能看到沿途美妙的风景。

小数点后的功过

考试季节，有孩子的家庭都闭关潜修，听说这段日子连茶楼、酒店的生意都清淡了许多，妈妈们个个躲在家里陪太子读书，监督温习进度，喝茶、逛街等师奶间的活动都一一暂停。

那天晚上跟老同学吃晚饭叙旧，刚一坐下便见其中一个当妈妈的开始拼命打电话，整顿饭我们现场直击她隔空遥控孩子的温习进度，原来她家女儿下星期要考试。

见她紧张兮兮，大家忍不住嘲弄她："考试不是靠平日用功的吗？临时才抱佛脚，有用吗？"

她却反问："你家女儿不用考试？到时你还不是跟我一样慌乱！"

"是呀，她们明天就考！"我说。

"那你还坐在这里喝茶？"朋友一脸的不可思议。

"如果平时看书了，又何必害怕考试呢？"

"平常专心听课固然重要，帮她温习是要锦上添花，我女儿的功力，正常发挥出来是90分，我再加把劲，结果就会是99.9分！"

没孩子的几个朋友听得一头雾水："现在读书的分数要用小数点计算吗?"

我告诉茫然的友人们一个例子:有一回,学校发下成绩表,我家女儿几乎科科都在90分以上,只有数学得了86分,平均分也有90多分,结果,成绩表上她的全年级排名竟是第38位!

孩子的平均分大概是90分,小数点后的余数不去算了。一个年级有130多人,我家孩子排在第38位,如此计算,从90分到100分的满分,这中间的十分,就足足有37个学生在当中为名次拼得头破血流。分太少,人太

多，于是前面那37个同学的分数、所争的朝夕，不过是小数点后那零点零几的差异而已！

这次的考试结果让我醒悟：作为家长，何必为那些小数点后的功过与孩子剑拔弩张伤感情呢？

教孩子只争朝夕，不如跟他们一起放眼世界，让视野开阔点、焦点放远点。

孩子走的路我们都走过，回想我们的前半生，我们考过多少次试、测过多少次验、默写过多少回书？三四十年前某一次试卷上的那个分数，影响过你吗？拖累过你吗？找工作面试时，老板质疑过你小学三年级时数学科目上的一分半分吗？

刘翔每次跑110米栏都在起跑点输掉半秒，那种落后于起跑线上的习惯，影响过他世界"栏王"的地位吗？

《爱丽丝梦游仙境》里有这么一幕：爱丽丝追逐着会说话的兔子跑了几圈，忽然迷路了，于是找了个精灵来问路："这是什么地方？"

"你打算到哪里去？"精灵反问爱丽丝。

"我不知道啊……"

"你连要去哪里都茫然无绪，那么知道自己现在身处何处又有什么意义呢！"精灵说。

　　如果我们为孩子的人生定了明天的目的地，眼前的那一分半分当然重要；但人生本是一场马拉松，枪声一响死命冲刺领跑的头几圈，在终点会把之前的成绩计算在内吗？我认为不会。

求学只是学英文？

大女儿下学年升中学，这阵子各中学都有各式各样的讲座或简报会，做家长的又开始在学校间疲于奔命。

我是懒人一族，只找了几所目标学校；有些家长喜欢渔翁撒网，什么学校都看，没看过所有的怎么知道哪个最好？

跟家长交换心得，人人心中有把尺子，有的拣最好的，有的选最有名的，有的喜欢最严格的……我就记住了黎耀祥在报章专访时说的那句："宁做坏学校里的好学生，也不当好学校里的坏学生！"

至于怎样才是好学校？又需要另一把尺子了。出名是好？直资是好？一等是好？双语是好？有外籍老师是好？今日的教育似乎只容得下成绩和金钱观；人心的教育在一轮冲锋陷阵的观校过程中，还未遇见。

我家女儿不才，仅属于二等材料，一早便心仪了一所目标学校，由于此校为传统的中文中学，于是来自四面八方的负面评价一直在动摇我们。

"读中文中学真是太落后了！"

"绝对明白，我就是读中文中学的。"我说。

我从小到大读的都是中文学校，我读书的那个时代中文中学地位低

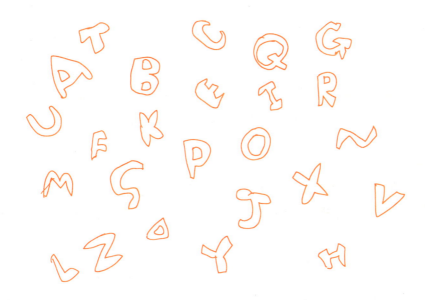

微、落后，一直是我们要认的命。

认命却不等于不快乐。那个化学元素周期表，被老师作成了有趣的广东打油诗，今天我仍能倒背如流。

我的英文没其他同辈的好，这个我承认；但中文却比许多同辈出色，这一点我也敢说。

求学不是求英文，今天的教育已经扭曲到没有英文就等于不济的地步。

到访过一所区内的英文名校，超级班的一等组别，家长们趋之若鹜，

参加简报会的人挤满了整个大礼堂，校长在台上侃侃而谈。有家长在台下发问，回答者竟如是说："这问题刚才已经讲过，我不会重复！"简直就像是在训孩子。

一学校骄傲的师生，一副副"你没有我的旨意就蒙混进来"的嘴脸，这样的风气会教出怎样的孩子？我在想，"谦卑"这两个字大概也不容于此。

家长都说成绩之外要选的是校风，但校风怎么衡量？讲脏话、染金毛、欺凌事件、同性恋……都被列入考虑因素，但过度自以为是又算不算是校风的一种呢？

升中学面试的技巧

　　一年当中总有几个月是家长们的神经最为紧张的日子，排队、报名、面试、发榜……幼儿园、小学、中学、大学，只要家里有孩子，做父母的免不了要经历这些心潮跌宕的过程。

　　这阵子，对我最有切肤之感的是大女儿升中学的面试。

　　孩子的学校比我还着急，早在学期之初便派来一份详尽的面试攻略，临近面试月，又有模拟面试，务求孩子们准备充足再上战场。

　　女儿拿着"天书"在背，我多嘴问了一句："这些模拟题有用吗？"

　　"相差无几，过去几年都是问这些……"

　　"就算题目猜中了，答案也没理由都一样吧，你应该想一些属于你自己想法的答案。"

　　"这样答才对嘛……"

　　"面试哪有对错可言？譬如我问你对新西兰大地震的感想，你会怎么答？"

　　"死伤了这么多人，好惨。"

"还有呢？"

"原来新西兰也会地震。"

"那又怎样？"

"好惨啦！没有什么。"典型"港孩"一问三不知的口吻。

"那天你看到新闻时怎么说，记得吗？你说你还以为新西兰很安宁，还常常想长大了以后要在那里开农场……'梦碎了！'是你说的。"

"好像不太好，这么答跟升中学无关。"女儿不以为然。

"谁定义什么是有关无关？面试的人不是看答案，是看人！"

"……"女儿依旧不以为然。

读了九年书，女儿习惯相信"标准答案"，不敢表达，不露声色，答老师喜欢听的，讲老师认为对的。学回来的是只敢照章办事，不敢逾越的一套，遑论挑战。

"三三四学制有什么好？"这次女儿问我。

"少考一次试啊！"

"这样回答人家会觉得你懒得动脑子。"她驳斥。

108

"你不如用反驳我的态度去面试可能会好一点……"

"面试不能反驳的!"

原来,所有考核,不过又是一场背诵游戏而已。

109

返璞归真，寻找老课本

全世界最难看的书叫做教科书，可它也是全世界最贵的书，起码，香港的情况确实如此。

马尔克斯穷尽一生精力写成的诺贝尔得奖作品《百年孤独》，也只是卖了100多块港币，香港的许多教科书，随随便便就能卖到300多块港币一本。

贵，不是最大问题；闷，才是最致命的。

天天要看的书，读的人都讨厌它，教科书的先天缺陷在于不论读的完或读不完，人家都会拿它来考你，一切阅读乐趣都被那些无可避免的分数考核断送掉。

听说最近内地的家长都在抢购一本叫《开明国语课本》的书，奔着这本由叶圣陶编著、丰子恺插画的书，我赶忙从深圳书城买回来一套。

其中的一节题为"职业"，文中只有简简单单的五行字："猫捕鼠，犬守门，各司其职。人无职业，不如猫犬。"看完的第一个反应是拍案叫绝：高呀！

绝妙处之一，在于文字精炼简洁，例子源于生活，几岁的孩子也能懂。寥寥数笔，说的却又是大道理，不像今天的课本，长篇大论，起码得用上三五百字去讲解一个教训，唠唠叨叨，惹人烦厌。当然，时代不同，

你甚至可以把最后一句改为"人无职业，可领综援① "。

绝妙处之二，在于能给予教师无限发挥的空间。课文，几句讲解完成，剩下的时间就交给老师演绎，不同的教师可以有不同的延伸故事，调教出来的下一代才能够百花齐放。

当然，时代不同了，老师会说，请给我教材让我照葫芦画瓢，我要上课、要批改作业、要写报告、要做评估，下课还要去进修，终生不得闲的教学生涯早已让我没了备课的兴致。

时代走到了极端，你会发现到处都是死胡同。于是，大家都想返璞归真，回到从前。

如果我们的教科书真能时光倒流，起码，字少了，页数少了，不用铜版纸，也不用彩印，卖十几块港币一本，绝对有可能。这样就连教科书加价还是减价的争执也都解决了。

① 综援是指综合社会保障援助。

何谓亲子通识？

　　有记者找我做访问，题目是《亲子通识》。我愣了愣，然后反问："什么是亲子通识？我不懂啊！"

　　记者很有耐性，详细列了一些问题去解释，如"怎样从日本地震的新闻中教导孩子？如何在日常生活中教子女通识？有什么方法能让孩子对新闻、社会时事产生兴趣？如何透过看新闻、讨论社会时事促进亲子关系……"我努力地想着答案，脑袋在"倒带"，归纳出了一个结论：我家从来没有这种从上到下单向式的通识教育。

　　因为我们夫妇俩都是传媒人，同以卖文为生，大家总认为我家女儿的中文一定比别人好，时事常识也比别人多，最起码，父母和女儿在这方面的互动一定比别人频繁。

　　这是错觉。

　　我家没有特别的中文培训时段或新闻讲解时间，看报纸的时候，我不会叫孩子们一起围读；看闲书时，也没必要功利地在其中找寻学习的意义。

　　"引起好奇心才是教育的精髓。"这是中大中文系杨钟基教授送我的锦囊。

看电视新闻，如果每一段都给孩子来一个讲解："为什么日本地震呢？因为日本地处太平洋板块、欧亚板块、北美板块和菲律宾板块上方……""艾未未是谁呢？从前有个诗人叫艾青……"我绝对相信，这种单向的灌输，进入孩子大脑的比例大概只有十分之一。

记得几年前跟孩子一起看陈水扁入狱的新闻，"2630"竟然是让她们感到印象最深刻的一幕。还有人记得这是什么吗？"2630"是陈水扁第一次被关进土城看守所时的号码。

"为什么一个人会变成一个号码？"那是女儿看完新闻后问的第一个问题，"是不是像小千那样？"女儿想起了她们最喜欢看的一部宫崎骏动画《千与千寻》，里面就有这样一幕：一个叫荻野千寻的小女孩，因为误闯了神灵世界，便被巫婆夺去了名字，从此她忘记了过去，也失去了过去。

"对啊，小千被夺去了名字，回不到原来的世界了。一个犯了法的人也会被夺去名字、夺去身份、夺去一切，在社会上再也没有立足之处，从此被扔在监狱的一角，被世人遗忘……"我当时是这样解说的。

这个"变成号码的陈水扁"的教训，让女儿们记得很深很牢，我觉得成效一定好过我苦口婆心教孩子们要诚实、要守法、要正直，别走错了

路。一个号码带出的除了道德教训外，后来还引申到"存在，却被遗忘"的哲学讨论上去。

学习通识，原来俯拾即是，读一段新闻、背一首诗、唱一句歌、看一出戏，其实都是通识题材。

让孩子去发现问题，知识进入大脑的概率是百分之百，因为从好奇到提出疑问再到寻找答案，本来就是一个通识教育的过程，由陈水扁的贪污联想到哲学，这是孩子才会有的天马行空，也是今时今日，各位如没头苍蝇般四处查找的通识教育。

孩子眼中的内地新闻

女儿有份功课，是要搜集有关内地新闻的剪报，于是，这天晚饭后，大家一同翻报纸。

"双头婴？"我问。

"哇，不行！"女儿不要哗众取宠、怪力乱神的新闻。

"这段吧，艾未未……"我建议。

"更不行啦！"女儿自我审查。

"为什么？"

"要找好一点的内地新闻……"

"艾未未，挺好的呀！"我跟她唱反调。

"总之不要这样的啦！"

"老师说的？"

"那倒没有。"

"那就没事了！"

"唉，你都不懂什么是内地新闻……"

"我不知道？！"怎么说也是在新闻系任教，竟被女儿如此批判。

"比如这段，培训女航天员上月球……这样的才是内地新闻啊！"

看，我们的国民教育做得多好！九岁的孩子已经饱经训练，懂得进退权衡，见人说人话；对外就说国家的好，家丑绝不外扬。爱国，是最容易拿到的分数，口是心非就可以过关。

除了那次做的一个问卷调查，童言无忌不小心露了底。

那天回来，女儿就像发现新大陆般告诉我："妈妈，你知不知道今天学校找我填一份问卷呀？你赞不赞成我要多买国货呀！"

"有什么问题？"

"买中国制造的商品啊！"

"中国制造的商品不是全都有问题的……"

"但我全都填第一项了，第一项是最不赞成，还有同学问老师为什么不能填零呀！"

"原来是你们害的……"

可以想象教育局官员拿着这份来自各个学校童言无忌、不虞有诈而写下的问卷的画面，难怪要加开一门国民教育课了。

红笔下的包容

老师发下作文题《我的朋友》，八岁的小女儿这样写：

"黄异宝是我的邻居，他是个顽皮的男孩子，比我大一岁，九岁了。我们常常在一起玩捉迷藏、打皮球、跑步、散步……大家相处得很好。圣诞节他来我家烧烤，没想到原来他也喜欢我家的小狗……（省略20个字）最后，忘了告诉你，黄异宝其实是一只狗！"

文章末，老师用红笔批下了两个字："离题！"

女儿对分数向来不太在意，对于那句评语更是视若无睹，事不关己地又跑到阳台喊"异宝"去了。

对那"离题"二字，耿耿于怀的只有我。

"异宝"是邻居的狗，狗主姓黄，于是女儿在写作文时把这只狗朋友称作"黄异宝"。

"异宝"每天都会在我家楼下走过几回，忙的时候孩子只会在阳台跟它打招呼，空闲时就会跑下楼和它疯玩一会儿，说"异宝"是女儿的好朋友，绝不为过。

类似的文章，二女儿也写过，大概每个三年级的学生都要写一写《我

的朋友》,于是,二女儿那回就写了"林小乖",也是一只狗——我家养的小雪橇犬。

或者我是应该反省一下,两个孩子在《我的朋友》的标题下竟然都想不出一个人来。

"你们在学校里都没有朋友吗?"我问。

"这样写会特别一点嘛!"孩子们说。

至少证明,她们不是在交际上出了问题。孩子们一致认为,比起学校的同学,家里的"小乖"和邻居家的"异宝",才是女儿甘愿为之两肋插刀、赴汤蹈火的最好的朋友。

结果,那篇"林小乖"在老师的大笔开恩下,只拿了个及格。比起

"黄异宝"一文得回来的两个字"离题"，上次的老师算是手下留情了。

朋友记起她在二年级时写过的一篇关于下雨的文章，大意是说自己如何跟大雨作战，雨伞是她的武器、雨衣是好战衣等等。结果，老师的评语是："不知所云！"然而多年以后，这位朋友成了作家。

又有朋友说起了一个类似的"个案"：孩子的作业是要画一只最喜欢的宠物，小儿子画了只小鸡，作业本发回来以后，老师在图画旁用了一个大大的问号做眉批，外加一句："你喜欢的宠物好特别！"

我们的社会提倡创意，然而创意最需要的条件不是有什么政策、有多少注资，而是包容。

创意就是越轨，但在这个社会，越轨就要受罚。对一个喜欢天马行空的孩子来说，重写一篇样板文章并不难，但创意从此却在弹指间灰飞烟灭了。

20年后的开窍

重读一本书，总有新的感悟；重上一节课，会是怎样的豁然开朗？我试了一回。

读大学中文系的时候我修过一科"苏辛词"，上下学期的课程共四个学分，由苏东坡讲到辛弃疾，专研了这两大词人最伟大的作品，装进脑子里的是知识，不是感悟。

逃课总是有的，即使上课也经常躲坐在角落里，有一段没一段地听，偶而神游，放下笔记念词背诗，甚至练字。当时选修"苏辛词"其中的一个目的，竟是因为"苏辛词"是写书法的最佳选材。

"试问岭南应不好？却道：此心安处是吾乡。"

"回首向来萧瑟处，归去，也无风雨也无晴。"

"夜已三更，金波淡、玉绳低转。但屈指西风几时来？又不道流年暗中偷换。"

"春色三分，二分尘土，一分流水。细看来，不是杨花，点点是离人泪。"

"故国神游，多情应笑我，早生华发，人间如梦，一樽还酹江月。"

…………

台上说书、台下做梦，"苏辛词"的笔记旁不是词中哲理的微批，而是一行行用自动出墨的毛笔写下的篆隶行草。

读了足足一年的"苏辛词"，我可没能力成为专家，只是拿了几个学分，从此各走各路，偶尔借用一下东坡的才情、稼轩的气节，仅此而已。

如果脑筋开窍需要一段时间，我想，我用了20年。

20多年后，机缘巧合地重听了老师的课，一样的东坡词，一样的解读，连续五小时的古今穿梭，我竟如梦初醒，如同在一个做了20年的梦中惊醒；顿悟，都在一词一句间。

苏东坡天赋极高、用功极勤，但诗词写来仿佛不费吹灰之力，谈哲述理也是四两拨千斤，童叟都读得懂。小处看出情理，大处道尽人生，原来苏东坡一直在为我做示范。

众里寻他，今天我要教孩子，又要写稿子，追寻的就是这种大智慧。

佣人眼中的悲惨家庭

家中的印尼籍佣人才来港三个月，就见识了在这里做人的压力了。

第一次离开乡村，来到花花大世界，很多事都让她觉得莫名其妙。譬如，丈夫晚上上街。

吃完晚饭，丈夫约了人开会，"先生这么晚去哪里？"其实才不过八点多。"开会……"我说。

"啊……上班？"印尼籍佣人一脸的不可思议。

然后，孩子们睡了，我下楼走进书房，"太太要做什么？"

"写稿，工作。"

"啊？不用睡觉？"

明明每天早上做太太的我都跟她差不多时间起床，然后送孩子们去上学，"究竟太太你有没有睡过觉？"她总是问。

每个外籍佣人都有一份学习广东

话的宝典，我翻过，里面有一句让我觉得很有趣，就是教外籍佣人如何接听电话："不好意思，太太睡觉了。"可惜这一句一直用不上，在她眼中，她家的太太是不睡觉的。

长假来了，女儿们做功课时做得鬼哭狼嚎，印尼籍佣人问："有很多功课呀？"

"18！"

"19！"

"16！"孩子们抢着数出功课的量，印尼籍佣人几乎吓得跌在地上，"为什么呀？放假嘛……印度尼西亚不这样啊！"

小女儿听到后，双眼放光："我跟你回印度尼西亚！"

印尼籍佣人的老公是个小学教师，她就在学校边卖雪糕汽水，对于那里的小学生活，她算是了如指掌，于是总拿我家女儿的待遇跟她们那边的小孩比。

"好惨呀……小朋友！"印尼籍佣人心地善良，一见到我家孩子摊开作业就感叹。

我们觉得她跟自己的孩子骨肉分离，好惨；她却认为我们活着只有功课与工作，更惨。

　　印尼籍佣人爱笑，谈起家人的时候更欢乐。问她思乡吗，她说："之前老公给我发短信说新年快乐……下午跟女儿发短信叫她买衣服……儿子玩了几天了，1月3号就上学了……"一个手机，联系千里外的一家人，仿佛没怎么分开过。我以为她们惨，可在她眼中，惨的原来是比她富裕的我们。

带狮子去茶餐厅

这天，女儿的老师发下一道作文题《我遇见……》。遇见什么呢？随你发挥好了。

八岁的女儿这样写：

我和姐姐在沙滩野餐，遇见一头狮子。它走过来对我说："我肚子好饿呀？能不能给我点东西吃？"

我们很害怕，把带来的所有食物都给它了，狮子一口气便吃完了，又问："我肚子还是饿呀，还有什么可吃的？"

126

我想了想说："不如带你去茶餐厅，那里有很多好东西！"

"好呀！"

于是，我们便带了狮子去茶餐厅，它吃得很开心，向我们道谢后，它满足地跑回了森林。

文章虽然写得粗疏，但创意却是一流的。

或许你会问："沙滩上怎么可能有狮子？""你想没想过一头大狮子怎么走进茶餐厅？"太多的如果，太多的忌讳，太多的为什么，结果就成不了创意。

看一个茶壶，你可以从它的前面看、后面看、侧面看、远看、近看，得出的结论总有雷同。但如果你搬来一条长梯站在高处往下看，你会发现，这个茶壶连形状都改变了。

大家都玩过脑筋急转弯，它的妙处在于答案的方向总不按照常理出牌，常常让人从另一角度去想。所以，写作的创意也在于角度；能找出事物的新角度，便是创意。

当然，最好的创意是意念，是故事本身，想一想，如果大熊猫吃了树袋熊的尤加利叶会怎么样？又如果，我被外星人绑架了会如何？

天马行空，是孩子最大的本钱；要培养写作创意，不妨从他们脑子里古灵精怪的故事开始。

胡思乱想的书虫

坊间有所谓的"阴阳眼"，我总觉得我家二女儿就有一双。

这孩子的眼光视野从来都与众不同。没跟她讲过鬼故事，她却常指着空气说："那里有个阿婆……""前面有个女人……""那个小孩对我笑……"

大女儿在这方面的经历比较西化，她小的时候坐在小巴里倚窗看云时，就经常告诉我："妈妈，我看见天使了……"

"在哪儿？"

"天边的云上。"

"天使在做什么？"

"弹啊弹的！"

孩子眼里的世界，实在匪夷所思。

二女儿见惯了灵异事件，说起所见，总如抬头报

道天气阴晴般理所当然。

有一次她举头望窗，说："刚刚有个白衣女人飞过。"语气平淡得如同说"刚刚有只麻雀飞过"一样。

那回在西贡公路上驾车飞驰，二女儿忽然从后座拍拍我："妈妈你刚刚撞到了一个人。"

"不可能吧？人呢？"我赶忙检视眼前的三个后视镜。

"她正蹲在路边抱着个头……"又是那种司空见惯的语气。听得多了，连我也渐渐觉得没什么大不了了。

这个女儿一脸天真，长得黑黑实实，是个阳光女孩，却一直有稀奇古怪的念头。有时我想，这大概是某种试炼，考核她和她妈妈的胆量和信念吧。

有一天，她忽然对我说："妈妈，我们不如信耶稣吧，这样就可以一起上天堂了……"

"为什么？"我问。

"因为，我不想轮回。"

"为什么不想轮回？"我仍是大惑不解。

"昨夜，我想了很久，都记不起前世的事了。上次的妈妈是什么模样？有没有兄弟姐妹？上一世我做过些什么？是坏人还是好人？是男是女？我通通想不起来了，原来喝了孟婆汤真的会忘记一切。我不想这样，我希望下一世仍能记住你，记得全家人。"

说这些话那年，她才刚满七岁，思潮已经想到老远的下一世。

喜欢思考的人，心灵也特别敏感，我亲一亲小妹，被她看在眼里，却酸上心头。长在中间的"夹心人"，总感觉自己高不成低不就的，于是，有思想就成了她的"杀手锏"。

虽然她年纪小小，却常常念及生死大事，"一个家庭里有人信佛，有人信基督教，有人信天主教，有人信伊斯兰教，死后能否相遇？"此等问题，她问了又问。你答否，她会质疑：天空只有一个，为何天堂都不相通相连？如果你答是，后果更严重，她会穷追猛打：反正结果都一样，又何必分宗教、分门派……

爱看书是二女儿爱上胡思乱想的主要原因，书里的世界让她学会了怀疑、质问、神游，关于天堂、关于轮回的疑问，我不能给她答案；父母不是万能的，更非无所不知、无所不晓，书海，才是孩子们找寻答案的终极目的地。

吉姆·罗杰斯的预言

放暑假了，书店里又挤满了买参考书、练习本的家长，就好像不花钱一般，疯狂选购孩子的读物，好让他们别荒废了光阴。

最受欢迎的向来都是数学补充练习和英文参考书，书局还有许多给家长看的教育孩子的工具书，比如《父母30天教会孩子学拼音》、《如何让学习变成游戏》、《1 000个幼儿必学的英文生字》之类，像一本本秘籍被塑封起来，不准翻阅，又是赚家长钱的最好手段。

中学教学语言政策"微调"之后，父母们又疯狂迷上英文了。在街上随时随地都能看到父母与子女的"英文对话表演"；当今的孩子是幸运的，他们都有很好的英语环境，父母讲英文，家中还有菲佣，孩子的英文差不到哪里去。

新一代中产的家长教孩子，越来越多的是禁绝他们讲中文，一家人明明都是黄皮肤黑眼睛，却全用英语对话。

中文，真的如此低贱，如此不容于世，如此叫人鄙视吗？

最近看了一本书，是美国华尔街一位著名投资大师吉姆·罗杰斯（Jim Rogers）写

给女儿的做人"秘籍",其中一项,我想都没想过,居然是"去学中文,还要让你的孩子和孙子都学好中文"。

在我们唾弃自己文字的同时,人家已经向中国文化代代相传地静静朝拜了。

吉姆·罗杰斯的这封信是写给年仅一岁的小女儿的,那是她长大懂事以后要打开来看的锦囊。开头就这样写道:

无论住在世界上任何地方的任何人,我所能给予他们的最佳忠告可能是:让你的孩子和孙子学中文。在他们的世代,中文和英文会是全世界最重要的两种语言。现在,21世纪是属于中国的了,这个发展此时此刻正在发生,就在你眼前。

吉姆·罗杰斯写道,他此生最大的遗憾,就是只懂得一句中国话:"麻烦你,冰啤酒!"

当我们回顾历史,就会发现西班牙主宰着16世纪,之后200年法国是最繁荣的国家,英国在19世纪大放光彩,到了20世纪,绝对是美国的世纪。

21世纪是属于中国的,正如埃及曾经伟大过,罗马也曾伟大过,大不列颠亦曾伟大过一样,中国在300年的衰落之后,再度兴盛。

吉姆·罗杰斯在1984年第一次来到中国,从此以后,他一直在中国和美国来来回回,甚至住在中国。他说,至今他仍手持20几种中国的股票。

吉姆·罗杰斯的第一张中国股票，就是1988年他在旧上海证券交易所买的，至今，这张最初购买的股票，已经被他装裱好、挂在家中的墙上了。

"中国的经济还会再成长，我想在我有生之年它都会一直增长，所以我的中国股票将会是我留给你们的最好的礼物。" 吉姆·罗杰斯告诉女儿。

看完老外的预言，我们还会鄙视自己的文字吗?

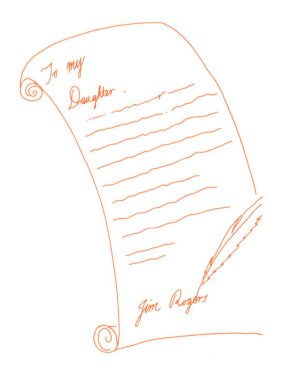

还你一个公道！

对，是还你，不是还我。

通常我们会用"还我一个公道"作为抗议的口号，那是点火，是控诉。但这里说的刚好相反，那是圣芳济退休训导主任叶玉树老师教我的一记绝招，用来对付怒火中烧的孩子，熄灭越烧越旺的怒火。

"老师，是他先踢我的！"

"老师，他打我的头！"

"老师，他抢我在先，好多人都看见了，不信你问一下他们……"

…………

老师不是天眼，不能目击一切事情的发生经过，但告状的孩子来势汹汹、满腔怨愤，或者心存委屈，大家都是怒火攻心，不是讲道理的时候。

"放心，等我弄清楚状况，倘若证实不是你的错，我一定会还你一个公道！"老师说。

叶老师教的是男校，在满泻的精力与臭汗之间，见得最多的是剑拔弩张、大动拳脚的场面。冲动是年轻人的本性，调停争执时说的任何一句

134

话，随时都会火上浇油或者让人觉得你偏心，于是，这句中性的"放心，我会还你一个公道"成了一记很奏效的灭火剂。

孩子间的争执通常只是为了争一口气。我家女儿平日里吵闹不是因为"他学我讲话……"，就是"他说我……"、"他笑我……"，没有黑白分明的大是大非，也没有说大道理的必要，于是，来一句："好，先停止吵嘴，待会儿还你一个公道！"果然有灭火之功效。

当然，那公道仍是要还的，但火气过了，心平气和了，大家就不再执著于你对我错了，那时候讲的道理才能听得进去。

国家地理频道有个叫"金牌驯狗师"（Dog Whisperer）的节目，驯狗专家提供了一个对付狗儿打架的方法，原来不必把狗扯走，只要把狗的视线拉开，即使两只狗只是背靠背，也能避免正面冲突，纷争很快就会终止。

"看什么看！"火爆的场面总是从这句话开始的。正面，就会发生冲突，转过脸，火就会熄灭了一大半，狗如是，人亦然。

我没有证书，只有生活

六年级是孩子的一个转折点，不是因为临近青春期，也并非关乎小学阶段即将终结，而是一轮排山倒海的升中学压力，会让孩子的思想在这一年间忽然变得老成，变得像成人世界一样功利与现实，童真一下子灰飞烟灭。

认识我的人都知道我不是"揠苗助长一族"，多年来都活得懒懒散散，孩子们也读得懒懒散散，没有额外补习、不刻意参加大量课外活动、绝少踏足比赛场……一直相安无事，直至今年，要筹备大女儿升中学的事。

"妈妈，我有没有证书？"这天女儿问起。

"什么证书？"我问。

"什么都好啦，我的同学有几个文件夹的证书，老师说，升中学要证书呀！"这么多年来，我第一次看到女儿忧心自己的学业前途。

"妈妈，哪些课外活动可以拿证书？"女儿捧着学校派发的课外活动报名表发愁。

这些年，我家孩子参加学校的课外活动都是凭她们自己的兴趣挑的，多是打球、跳绳之类，选报时从没考虑过证书不证书的。

"我连奖状都没有……"女儿一脸忧戚。

"鬼叫你不肯参加比赛！"我竟以认同来助长歪风。

　　这个女儿没什么大技能，就是画画比较好，老师经常给她拿来各式各样的绘画比赛、海报设计赛、书签设计赛报名表，连画纸都奉上了，她就是不肯画，原因非常有个性："我不想让别人把我的画拿去评头论足，贴得到处都是！"

　　丈夫说，她这种性格很有潜质做饿死街头的艺术家。

　　六年了，终于敌不过群众压力，死到临头才想起奖状证书来。"早知

道就参加什么什么啦，原来有证书拿的……""某某说，参加大哥哥大姐姐计划，每带学妹学弟外出活动一次就有一张证书……"一直与世无争的大女儿，如小龙女出古墓般惊见世道险恶、刀光剑影，刚缓过神来，却发现出手已经太迟。

"人人都有一大堆的证书奖状，不如你就简简单单地奉上白纸一张，上面写几个字：'我没有证书，只有生活。'或许还能引人抬头，看你一眼呢。"我说。

女儿当然觉得这是天方夜谭，我却心存乐观。有记者问我怕不怕孩子会永远"落后"于别人，我说，往好处想，或许这就是她们的独特之处呢。如果有个校长，面试了100个学生，个个千篇一律地递上一大堆的奖状和证书，忽然有一个孩子什么都没有，最起码，麻木的校长会抬一抬头，不一定欣赏，但至少会记得，世上还有这么一个与众不同的傻孩子。

Chapter ④

施与受之间的顿悟

　　在教育上过度的行政虚耗，已经让教育者人心崩溃。没了热血的心，即使拥有再好的书、再美的学校，也是徒然。

　　万念俱灰，不代表走投无路，制度是死的，人是活的，是时候重新思索教育的关键之处了，是课程，是评估，是教材，还是人？

　　让生命影响生命，人心互动，才是教育之本。

大老板的训导主任

听运动用品连锁店"运动家"的蔡老板说过这么一个故事：那年，大概在初中三年级，个子小小的蔡老板被一个人高马大的同学打了一拳，蔡老板深深不忿，誓要报仇，于是在学校操场上死命地追着对方喊打。

二楼走廊上"看戏"的老师开腔了，叫冷眼旁观的训导主任出手严惩。这位姓叶的主任笑了笑，说了句："由他们，看他们能跑多久！"蔡老板说他俩沿着操场追跑了十几圈，直至对方跑不动投降了为止，叶主任这才下来"平乱"。

老师没有特别责备，然而打人的人已经跑到半条人命，受到了惩戒；追打的人锲而不舍地为自己取回公道，其志可嘉，但以暴易暴的行为最终也得到了跑十几圈的惩罚，双方打成了平手。

叶主任没有立即喝止争执，倒是就蔡老板坚持到底、不放弃的性格加以正面教导，从此，锲而不舍成了蔡老板的人生座右铭，在以后创业的道路上一直如影相随地发挥着影响力。意外的是，老师们还附加了一大发现，这姓蔡的小子果真有跑步的基因，年年渣打马拉松跑道上都有他矫健的身影。

谁说教育只能照本宣科？今日的蔡老板与当日的叶主任多年来形影不离，每个"运动家"员工都知道，这位叶主任是他们的"太上皇"，每年的周年大会他都是上宾，40几间分店逾千名员工都要听他的教诲和训勉。

做教师的能受到如此礼遇实属难得，学子铭记师恩当然不止于一次跑步事件，多年来细水长流的教导与启发才是维系师生情缘的最大原动力。

　　说这个故事的目的是希望当权者重新思索教育的关键元素——人。这些年，大家一直纠缠于是否缩减或关闭学校、教科书卖多少钱、香港教育局局长孙明扬的肾病如何……其实都于事无补。在教育上过度的行政虚耗，已经让教育者人心崩溃。没了热血的心，即使拥有再好的书、再美的学校，也是徒然。

宫商角徵羽里的育人故事

教与学总有一点阴差阳错，师生若能在施与受之间同时顿悟，是福气；大部分学子的经验都是离校十数载后，体味了人生，尝尽了甜苦，回头看时，才恍惚，才彻悟。

我有幸，一并享受了这两种感觉。

因为爱写作，义无反顾地从社工系转到中文系，以为可以从此放肆，赋诗弄文，活得像李白一样飘逸自在。

却发现，扎根是这么苦：中文系的课业教授的都是基本功，文字、声韵、训诂的艰涩难学已不在话下，就连唐诗宋词课都在天天考练平仄，实在让我这个"只想写点东西"的转系生感到意外。

十八般武艺一定好看，但没有多少人会联想到武人背后站桩踢腿扎马步磨拳之苦。以为挟着一点天分便可以一步登天，事实是来这里学艺的个个都"有点天分"，自命不凡的我，在人海中顿如泥牛入海，成为荒漠中一颗不起眼的沙粒，消沉、隐没……

因为耐不住基本功的苦闷，选修的科目我尽选看似轻松的课：诗词歌赋、古典小说、现代小说、现代文学、创作……还有我完全不懂的戏曲。

我本是那种听到粤剧咚咚喳喳就头痛的人，选修古典戏曲，多少是为

了逃避闷课，没想到这随意踏的一步竟让我走进了大千世界。

　　教这个科目的老师叫梁沛锦。第一节课，他就告诉我们他的身世："我是个纨绔子弟……"好独特的开场白，让台下一张张本来萎靡的脸顿时清醒起来。

　　"我是那种穿一件衣服都有三个丫头服侍的人，一起床，两手一伸，外衣就套进来了……然后，大的拿一个鸟笼子，小的吹着口哨，一家人被佣人们簇拥着听曲去……"

　　爱上戏曲，是梁老师从襁褓时代就开始受到的家庭教育，我们没有他优厚的背景，他就用他的梨园故事，把我们这群盲牛引进奇妙的戏曲世界。

这天播的是一段幻灯片，荧幕上一张张面孔似曾相识："这是七小福在荔园表演时的模样，看，师父于占元、大师兄洪金宝，中间的这个是成龙，还有元彪、元华……"老师说。

"这里又是另一段精彩的……白雪仙、任剑辉，中间的那个是唐涤生，他是在遗作《蝶影红梅记》首演的中场猝死的……"

"噢……为什么？"台下听得神往。

"看，这是红线女，这么年轻的红线女，你们大概没见过……看，这是薛觉先，这是谭兰卿，这是白驹荣……看，马师曾跟新马师曾，你们可别混淆啊，他们唱的是乞儿腔，即是'我呀呀呀姓呀呀呀余，我个老呀豆又系姓呀呀呀余……'（粤语唱腔，即：我姓余，我父亲也姓余）。"梁老师边讲解边示范。

明知这群孩子一听到名人故事便会起哄，梁老师这节课就选了那几十张幻灯片作为开始，一张照片一个故事，让学生觉得原来戏曲离我们并不太远。他用梨园逸事和趣事把历史活化，就连那个年代的超级偶像梅艳芳都给搬出来了："你们看，这是八岁的阿梅，唱平喉的……"

其实粤剧只是古典戏曲中最末的一个小章节，梁老师倒过来把我们最熟悉的东西拿出来先讲授，引孩子们入瓮，再慢慢调教。

讲起大家一头雾水的昆曲，他又忽然把话题转到莎士比亚的爱情故事上：东西方的对比，一脉相承的情爱缠绵……梁老师看得通透，谈情说爱是贯通古今的永恒话题，尤其用来对付这班情窦初开的年轻

人再合适不过。

　　每一节课都有故事，每一节课都那么精彩，没想到无心插柳的一个选修课，竟成了我每周的期盼。

　　"听曲应该剥着瓜子、花生来听的……"课堂上不好吃花生，于是，梁老师总爱拿些朱古力来请我们吃：比利时的、瑞士的、意大利的、德国的……大家边听曲边舔着手指上朱古力的余香，莫名其妙地迷上了那遥远的宫商角徵羽。

　　梁老师的办公室，又是另一个天堂，一踏进去就像跨越了太平洋，或者漫游了世界。

　　跟其他窗明几净或者书香满溢的教授工作室截然不同，梁老师的小房间里满墙都是战利品：这块脸谱是希腊的，那件雕塑是前苏联的产物，地毯是波斯的，酒杯果真是"葡萄美酒夜光杯"里的夜光杯……还有印第安人的弓、罗马人的箭……每件宝物的背后，他都可以给你说一个传奇故事、一段璀璨历史、一种文化奇迹。

梁老师的故事并没有结束。毕业后的奇遇，原来更精彩。

当上记者的我，因为要做一期特写故事，翻查香港粤剧史时，这才发现梁老师的另一个惊人成就：原来他不仅是当时香港粤剧学术研究最顶尖的学者，还是世界上收藏粤剧文物最丰盛的人！

重遇，因为我要以记者身份采访他。

梁老师说，退休后，他把半生搜集的粤剧收藏品尽数捐给文化博物馆，更开始将毕生搜罗积存的古董悉数卖掉，钱，通通送往内地建医院，他的目标是：建100所山区医院！

"是我们以前在你办公室看到的那些宝贝吗？"我记得从前他每次讲述古董来源时，总是爱不释手地珍而重之，没想到今日竟可以潇洒地挥一挥手，就别了大半生的珍贵故事。

"卖掉能换回许多条人命的，才称得上是宝，否则，留在家中，不过是废铜烂铁而已……"

"都卖给谁了？能卖多少钱？"我问。

"值钱的就拿去拍卖，价值不大的，哈哈，我有一个'招数'，就是学生多，这么多年，总会有几个发达的吧，我就挨家挨户地找他们：好心啦……好心啦……唱一段曲，叫他们帮忙买点废铜烂铁……哈哈哈！"老师一贯幽默，说得出，也真的做到了。

"将来有机会，带孩子来跟我到山区医院做义工，一个暑假，保证你的孩子脱胎换骨！"

临别邀约，梁老师惦记的还是如何育人。

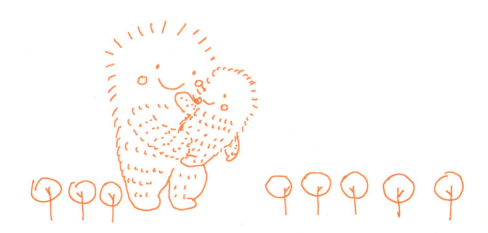

教育，不是博彩业！

　　二女儿近日迷上了看《心灵鸡汤》一类的小书，贪其简简单单一两版就完结一个小故事。小书是口袋装的小开本，放进书包里，等车时看一个故事，等吃饭时又看一个，坐地铁时可以看三四个，就连看电视的广告时间都可以干掉一个……

　　这类故事，通常载着道理或人生哲学、思考方法，看到印象深刻的，她都能一字不漏地把故事复述给我听，我觉得，这就是女儿的德育课。

　　教育局在新高中震荡未始之初，又增加了一个"德育及国民教育科"的新玩意儿，我觉得，这个科目，实在吊诡。当世中国人的国民教育有目共睹，要跟德育同讲，真是难为了教师，况且没有历史做基础，又怎么说服孩子们要爱国？

　　这可不是说笑，香港教育局找某大学针对教师对教材的需要做了个民意调查，里面有一栏叫"其他意见"，竟然有教师写下这样的话："教育局，究竟你要死多少个老师才会安心？"

　　一年一小改，三年一大改，这些年来，政策摇风摆柳忽加忽减，一句"香港人要注意加强国民教育"，让教师们又惨成"小白鼠"。

　　香港国民教育做得最成功的，就是每晚那首深入民心的国歌，一天到晚"起来、起来"地唱，各行各业真的纷纷起来了。一言不发继续逆来顺

受做奴隶的，就只剩下了教育界。

　　听说，教育界是最好"管理"的，一背脊的知识成了包袱，反抗行为是教师的负面标签，谁都不敢轻举妄动。家长和学生更是畏首畏尾，就像是砧板上的肉一样任人宰割，要知道牺牲子女的前途比牺牲自己的性命更难取舍，大家唯有忍气吞声。

2001年年前，香港扎铁工人拔剑而起，工潮之火一烧即旺，问题旋即解决；早些时候，公营医生发起革命，护士也在襟前挂个徽章吐怨气、舒愤懑，就连倒垃圾、刷盘子的人都争取到了应有的权益，请问：教师学子家长们，你们为何仍是半声不吭？

一个患了重病仍占着高位睡觉的局长，一个本来在博彩业打滚的"赌业翘楚"竟成了教育界的最高决策人，这样的教育局面，除了"堪忧"，我想不到其他的形容词了。

赌业，可以毁掉一个人甚至一个家的行业；今天，我竟觉得香港的教育正向这条路走去。

---

① 扎铁是土木工程的一道专项工序，是在待建的建筑物混凝土墙内，先建一个由强高拉力铁枝和铁线扎成的架，给予这些建筑物重力墙更强的承重能力。

生命中的前辈

我是个幸运的人，因为这半生所遇，无论是在学校还是在职场，给我引路指点或者当头棒喝的前辈，实在太多。

大学毕业后的第一份工作是在香港无线电视台，因缘际会地落入当时得势的大监制凌雪娥麾下。

凌姐是女中豪杰，骂人的粗口出口成章，教我这只井底之蛙大开眼界。她为人率直爽快，做事决断，手起刀落，说一不二，从不转弯抹角。

我辈学究与人相处总是客客气气、礼貌周全，第一次见凌姐把人骂得狗血淋头，各人还是一样地敬她畏她服她听她，我知道，要在这里立足，能力比一切都重要。

凌姐带领的一队人总是形影不离，工作时固然在一起，但连午饭、晚饭甚至下班、放假找余兴节目，也一样共同进退。

老板若是个不回家的工作狂，做下属的就别指望有私人空间。一天到晚我都追随凌姐流连于录像厂、剪片房、办公室、控制室……闲来和场记聊天、看演员试戏、偷两招化妆技法、向摄影师问道……原来，一切都是宝，我用一年时间走了人家三年的路。

邻组人说这是黑社会的"跟大佬"作风，我则视其为古有流传的师徒故事——有什么方法好得过一个身经百战的前辈对你手把手地朝夕教诲呢？

曾经在小专栏上写过一篇讨论尊重长辈的文章，有个大学生给我发来邮件，评价道："你说年轻人要尊重前辈，其实，我辈觉得，所谓的前辈，只是比我们早生几年的人而已……"

对于这种看法，我只能唏嘘。我相信，即使是一个捡垃圾的婆婆，也不仅仅是比我们早几年出生而已，她的经历、她的苦，谁敢说于我何用？

当记者的日子，又让我遇上了许多给我启发的前辈，年长你几年、早出道几年，积累下来的都是财富。

　　我常跟记者说采访、写稿没有方程式，于甲有用之法，于乙可以完全没用。每一个故事、每一段新闻、每遇到的一个人都是独立的个体，只有不断碰壁、不断积累经验，才会摸出门道来。

　　我说过我是幸运的，一入记者这行就碰到了一班好上司。

　　顶头老板是长于采访的徐少骅，一张利嘴教我见识了好记者应该像拉里·金（Larry King，美国著名主持人）那样。总编辑是今日树仁大学新闻系的主任梁天伟，他的仗义执言和文人风骨，带我们跨过许多犹豫不决的十字路口，那些影响一直潜移默化地繁衍生息。

　　给我指点迷津最多的是当时的副总编辑吕家明先生，他常常亲力亲为地做采访，还专挑难度高的个案，一带一地把新记者领入大千世界。有一回跟他到福州做人贩子的故事，一个开场白、一个细节、一句试探、一语质询……一步步地调教，一页页地叮咛，怎样取材、怎样引入、怎样倾谈、怎样追问、怎样引证、怎样写、怎样写得好看……就连随手翻起一条木头、一块石子，他都可以教我如何分辨真假：花梨木、紫檀木、寿山石、鸡血石……

　　从做新闻到做人，甚至他朝有日做老板，每一步应该怎样走，师傅们的每句话，我敢说，绝对受用终生。

心系祖国的励姐

春节前夕，收到老师过世的噩耗，享年才50多岁。打开她的Facebook，重看她的笑脸，横看竖看都不像短命的人。

上个月才跟她通过电话，电话那头还是哈哈哈地开怀笑声，谈的内容却是令人震惊："你知道我得了什么病吗？我是癌症呀！"

听者顿时语塞，老师却继续像讲笑话般说道："你知道嘛，我被推进手术室的那一刻，抬头看到有幅耶稣像在头顶，我当时好怕，怕醒不过来，于是对耶稣说：'耶稣呀耶稣，我信了一辈子毛主席，如果这次大难不死，我就改信你……'果然醒过来了，医生说没有想象中那么严重，感谢神……"

约好了等她化疗休息的那周再去看她，她又在哈哈哈地笑："我把头发都剃光了，现在像尼姑一样！"

拖拖拉拉，竟等不着见她最后一面，"有空看你"、"有空喝茶"这类话我说过好多遍，但从没像这次这样，为一句没实践的闲言如此深深懊悔。

老师是我初中一年级的班主任，小时候大家都叫她"上海婆"，她对此诨号非常介意："我明明是个妙龄玉女，怎么得了个'婆'字的诨名？"确实也是，她只大我们12岁，在当时算是年轻教师。

　　她来自北京，本来说了一口亮丽的普通话，却化成了半咸半淡的广东腔，顿时成了笑话。

　　她教的是中文和地理，中文课绝对是文以载道自不必说，上地理课足足一学期都是同一个动作：一进教室门就在黑板上画一只大雄鸡："身为中国人不可以连自己国家的版图都不会画。"心血来潮时还会揪出某个做梦的学生出来画，一年下来，所有的孩子对画中国地图都信手拈来。

　　国民教育，早在她的课程里潜移默化地施行着，比起今日死记硬背的方法，老师的那一套来得更成功，也更受欢迎。

"我是红卫兵！"老师从不讳言，更常常把毛主席挂在嘴边，甚至一直改不了口，总是叫毛主席，而不是称毛泽东。

"你怕没人知道你是'左'派？"我一听她提起"毛主席"就会跟她开玩笑。

"爱国何需掩饰？！"老师如是说。

当年的红卫兵，移民香港几十年了，当过教师做过记者，用她的话说，这是享尽一切资本主义成果，却一直心系家国。近十多年来，老师两夫妇甚至把工作辞掉，全身心投入到内地的扶贫助学事业中。

"别叫我老师了，苗圃的义工都叫我'励姐'，山里的孩子都叫我'励大妈'。"老师说。

打电话找励姐，她一时人在北京，一时到了甘肃，一时又在粤北……走路去广州不知道有多少回了，还有北京行、甘肃行、茶马古道，最厉害的那回是重走解放军的长征路，三个月走了两万五千里，夫妇俩为筹款助学，跑遍了五湖四海，播下了满地种子。

汶川、玉树大地震后，老师的工作更忙了，长时间留守山区，不时通过电子邮件传来照片和文字，幅幅动人心弦，字字满载希望。她的照片拍得很好，破落的山区都能被她化成明信片，在她的镜头里，我看到了最美丽的中国。

　　有一回我带女儿到她家串门子，老师随手拿了部相机乱拍，照出来的孩子尽是笑脸盈盈。在她的世界、她的角度里，总是充满了喜乐。

　　"你那三条'烟'怎么样了？"老师是这样称呼我家三个女儿的。"等着你送书给我呀！"最后一次对话，我答应下回拿书给她……

　　苗圃的励姐，一位献身扶贫的义工，一位矢志不移的爱国者，多年来身体力行，把爱国付诸行动；螺丝钉虽小，作用却是巨大的，让我们把她的名字记下：她叫陈诚励，是我的好老师，也是许许多多山区孩子们的励大妈。

叫人窝火的常识书

如果你家里有个上学的孩子，你一定看过这个年代的教科书。如果孩子上的是传统学校，读的是教育局规定的课程，你一定会感到窝火，尤其在你翻开小学常识书之时。

每个国家的孩子，都要从学习自己的历史开始。历史的范畴很广，可以是故事，可以是分析，也可以是观点，但跟小孩子说历史，谁都知道该从故事入手。

中华民族几千年的历史，每段都是故事，化作教科书，居然可以变成一页页生硬艰涩的政策。

孩子的常识书里有一章讲当代中国史，内容居然是改革开放，包括中国加入世贸组织、主办奥运、青藏铁路通车、探月卫星升空、签署《中英联合声明》等等，前朝历史却像跳线的影碟一般，从黄帝跳到大禹，一下又飞到秦始皇，之后便是岳飞，一跃又到了清朝，然后是孙中山、毛泽东，之后便是办奥运、搞世博了！

几千年的历史，用一句话形容就是：蜻蜓点水。

简化不打紧，问题是表达方式。美国有一本小学教材，讲的是历届总统。人家可不是一板一眼地逐个介绍，而是每讲一个总统都用一种动物作代表。教孩子从动物入手，怎样都会比讲人生大道理更吸引人。

最近看了一套《我的家在紫禁城》的丛书，通过麦兜这个卡通人物，带领孩子们走进这座历史上最大的皇宫，看建筑、赏珍藏、听前朝故事，譬如明朝的乾清宫有上下两层共27张床，皇帝每晚睡不同的床，以防遇袭；又譬如皇宫里那块"正大光明"的匾额后，总暗藏着皇帝遗诏的故事……

孩子的常识书，本该如此。

所谓常识，就不应该有界限，随手拿起一个碗，景泰蓝或是青花瓷，都可以有段有趣的故事。

上至天文下至地理，前通远古后延宇宙，没有中英文科目的死记硬背，也没有数学中的公式图表，常识讲的是知识；孩子的好奇心比谁都强烈，所以常识本该是体育以外最受小学生欢迎的科目。

可是，却不尽然。看女儿最喜欢哪个章节，就知道哪段常识的内容可取。譬如八大行星、火山爆发、七大洲四大洋、脊椎动物无脊椎动物、灌木乔木、艾滋病登革热禽流感……十万个为什么问的永恒问题，不分国界的知识，任何年代任何国籍的孩子都想知道。

常识不一定要说身边事，常识也应该是世界性的，可是我们的常识教科书几乎是零视野。譬如三年级有一章说"中外文化共融"，教的竟是：

"香港有以下服务或设施协助外籍居民融入社会：1.资助语文课程；2.提供支持服务；3.推广多元文化活动；4.推广社会服务信息。"

真难为老师们要对着七岁孩子讲解这些虚无的重点，更虚无的还有基本法、食环署、房委会、土木工程拓展署、控烟办……

我家女儿最爱认国旗，奥运加上世界杯，已经认识了不少国家的国旗国花国宝，小女儿更是把朋友送的加纳国旗悬在窗前挡太阳，偏偏她们在常识书中能找到的旗帜就只有国旗和区旗。

我赞成小孩子学习本土知识，但绝不该只有这些。看过日本的小学常识书，里面的本土教育是丰臣秀吉、夏目漱石、桃太郎、河童……这是日本永恒的故事，不像我们，教学生水沟堵塞了找渠务处，有老鼠了找食环署……就算是教授常识，对不起，过了罗湖桥就找不到食环署了，如果我们的下一代在香港以外碰到老鼠，怎么办才好呢？

老师也会有错误

　　看孩子的功课，偶尔会发现一些错处，有的是课本或作业本身出的问题；有的是老师教授或批改时出的错误。

　　不同的家长，对待此等事宜总有不同的处理方法。强势的，拍案而起立即投诉："这样也错得了，我怎么放心把孩子交给你教？"温和的朋友，既不愿孩子错下去，又不想直接向老师指正使人难堪，总觉得左右为难。

　　人谁无错？

　　先这样想，气至少会顺一点，或者纯粹是无心之失？教师一天要改的作业数以百计，看差眼实在是在所难免。当然，能让你暴跳如雷的可能是

你发觉老师真的不懂或者真的错了。怎么办？总不能在孩子面前骂他祖宗十八代，把老师批评得体无完肤吧？这对孩子日后的学习也于事无补呀。

我家小孩一向把老师奉若神明，即使我指出错处，她们都认定："老师是不会错的……"

于是，我想了一个办法……把错处指出来，然后交给女儿一个任务："你回去告诉老师，这个字打错了（或者老师手快写错了），老师可能还没有察觉，你明天赶快告诉他，老师一定会多谢你呢！"

听到过一个真实的个案：一个父亲常向人说："她是什么料子，有什么资格教我儿子……"说的那个"她"，是孩子的英文老师。这位父亲是个政务主任，英文水平了得，他认为老师的英文水平没他高，没有资格教他的孩子。

如此说来，中文系教授的儿子就没人够资格教他中文了；数学博士的孩子，又有哪个数学老师敢去碰呢？

有一次我到女儿就读的小学观摩课程，看的刚好是中文课。我是读中文、教中文，更以中文写作赚生活的，但坐在教室的那一刻，我也自愧不如。原来，教孩子不单要靠才华，还要有方法。

一位老师，学术上不一定比你行，但可以肯定的是，他一定比你懂得教。

体育课从来都是牺牲品

　　小时候读的是唐楼私校，学校里没有运动场，体育课是在附近的公众球场里上的，过两条马路，走几分钟，再排队、热身，体育课便过了一半。赶上刮风下雨或者气温在十度以下，体育课一律改在教室里上。当然，教室里的体育课已经脱离了运动，大多是让学生做做功课，清清静静地消磨掉40分钟。

　　今日的学校，再没有欠缺运动场这回事，每所中小学至少都有露天操场、有盖操场各一个，但孩子的体育课、大家对体育的态度，其实与旧时相差无几。

　　教学太忙、课业太重，大家第一个牺牲的总是体育课；酷热警告、寒流袭港，连政府都呼吁大家留在教室内，别进行户外活动。医生说天天运动是必要的，但这么多年来，我们的体育课就跟工资一样没怎么加过，一直维持着一星期两节的局面。

子女参加了篮球队或足球队，一旦考试临头，停止练习是毋庸置疑的；被发掘出来的潜质，要任何家长在做运动员与考大学之间做抉择，不由分说，都会选择后者。

长大了要去上班，一天工作十几个钟头，回家后身心俱疲，要榨点时间出来做运动，不如留点空当来睡觉，上班族十有八九都是这么想的。

能腾出时间来运动了，通常已届退休之时，耍耍太极爬爬山，把一生未做的运动来个"年末大填补"。

说了这么多，只为道出一个现状：申办亚运会，绝不可能让运动在这个社会中重生。这里的人，大人也好，小孩也好，都活得太累；运动，在沉重的工作或学业的压力下，从来都是被牺牲的一环。

如果每个小孩，下午三点真的能放学回家且不用做功课，如果每个职场人士都可以准时五点下班兼没有捧回家做的业务，运动，才能成气候；国民体质和精神状态，才会像点样；申办亚运，才有意义。

教师最后的尊严

　　小时候，最喜欢的老师是那位不叫老师的老师。听起来很玄吧，明明是个老师，却没人称他为老师，皆因他每年走进教室，第一句就是这样介绍自己的："我叫明记！"

　　上至校长下至校工，一律这样称呼他，教学几十年了，满门桃李都只会叫他"明记"，有些同学甚至浑然忘了他姓甚名谁。

　　这叫亲和，至少我当时是这么想的。

　　连"老师"的称谓都去掉，跟学生勾肩搭背地畅谈将来，他是大家的老友和明灯，但我们从没忘记他的老师身份，虽然嘴里仍是那句没大没小的"明记"。

　　后来他升做了主任，再升做了副校长，一校员工都改口叫他"梁主任"、"梁副校"，唯有学生们还是不识世故、不谙世情地早一句"明记"，晚一句"明记"。

　　那年头，这样的老师是异类，同事们或许会侧目，但在充满阶级权威的教育领域里，这种清泉，一所学校大概只能容得下一口。

　　上大学以后，师生的身份更加悬殊，遇上大师级学者，恭敬追随还来不及，岂有不加称谓之理？"A教授"、"B博士"、"C老师"、"D先

生"……就连有个街知巷闻其笔名"小思"的老师，我们也不敢直呼其名，有时冲口而出喊了句"小思老师"，都觉得有点不敬。

世易时移，今天的学校原来个个都是"明记"，被唤作"老师"的，才是异类。

"马仔"、"阿卢"、"肥陈"、"阿Joe"……如果不是谈话内容偶尔有迹可寻，诸如"肥陈太讨厌了，给了我一个C！""你去教师办公室叫阿Joe一起去喝茶！"否则，学生的对话中早已分不清谁是师谁是生了。

记得小时候见到校长、主任都要"嗖"地一声站起来鞠躬说"早"，今日我见到念小学的女儿，她连看到校监都只是笑一笑挥挥手说"Hi"，仅此而已。

"在走廊碰到老师主任校长不用鞠躬叫人的吗？"我问女儿。

"老师说点一下头就可以了！"年轻教师对"老师"这个"老"字很是抗拒，渐渐地，"老师"这个称谓也越来越不流行了。

从前做老师的，卸下了一道防线，去除了一个称谓，就特别容易跟学生打成一片；今日为师的，没一个英文名给学生叫唤，还是用"某老师"的称谓，仿佛就代表了封建。

然而，当一切尊师重道的传统都消磨殆尽，当孩子碰到老师只会点点头代替打招呼之后，一句"老师"，可能就是教师尊严最后的桥头堡。

好心人，我拿什么回报你？

出外靠朋友。

记者出差采访，免不了找"地头蛇"指路引径，这些人，大都素未谋面，却因为我们的一张记者名片掏心出力，为人生地不熟的陌生人铺桥搭路。然而，因为忙或忘，我们给这些好心人的回报又是什么？

那是一趟极地之旅，从没想过自己竟会身处阿拉斯加：买机票、联络受访者、收拾行囊……都只是在24小时前才被知会的事。

上机前后、转机途中，不断启动所有的人脉网络，电话打烂、备电耗尽，人却异常亢奋；当记者多年，早已习惯了这种肾上腺素忽升忽降的惊吓场面。

飞机降落在安克雷奇（阿拉斯加最大的城市）机场，我和摄影师第一时间赶往医院找受访者——一个于珠穆朗玛峰之巅遇上雪崩、全部队员罹难却独自一人在雪山上呆了一天一夜的奇迹生还者高铭和。这位来自台湾的攀山家，刚从尼泊尔被送达有着全球治疗冻伤最先进设备的阿拉斯加，准备做切除鼻子、手指、脚趾和脚跟的手术。

6月和7月是阿拉斯加气候最好的日子，阳光和煦，日照时间很长，太阳每晚12点才会下山，我们有足足20小时的日照时间来争分夺秒地完成工作。

医院的采访是重点。

一夜之间，珠穆朗玛峰南北两侧的峰顶上躺了11具尸体，幸存的高铭和自然是故事的主角。还有全球医治冻伤最权威的医生、日夜照料的护士、赶来看望的亲友……

因为高铭和说了句："还要多谢这里一班素未谋面的华人……"我们决定上唐人街找寻这群北极圈上的中国移民。

每回到外地采访我都会感叹：别人的仗义帮助和热情款待，若转换角色发生在香港，我们又能做到多少？这次在阿拉斯加认识的华人，让我再次感叹了一回。

极地虽冷人心却热，一听到我们是从香港来的记者，大家都觉得不可思议，于是，照顾、保护、请吃饭、管接送、找个案、帮忙联络……成了这两天他们的首要重任。

"今天晚饭来我家吃，我叫太太煲了汤。John明天请了假，可以开车带你们到治疗中心……"

"有没有时间留下来观光？我可以开车带你们去看冰川……"

一班素未谋面的中国人，因为我们的"记者"身份，无私无偿无条件地给我们送温暖，除了感动，还是感动。

临行前，一如既往地顺口邀约："来香港，记得要找我啊！我带你们去吃东西……"

一年后，果真千里迢迢地来了一个阿拉斯加访客，可惜碰上我又赶稿又出差地忙个不休，连饭都没吃一顿，就匆匆地通了两回电话，人家便飞回九霄云外去了。

事后，总懊恼，总自责，但总是在重蹈覆辙。

那一回，又是临危受命，上午拿起行李，下午便飞抵长春，任务是要

找一家公安局经营的地下赌场。

登机前拼命找人介绍长春的"地头蛇"，有位朋友刚从那里拍戏回来，给了我一个长春电影制片的电话，附加一句：他门路子多，人老实，信得过。于是，我一到地方就径自找他当引路人去。

来的人竟是两个孪生兄弟，爱说话，知道我们是记者以后，雀跃得如同遇到冒险王，竟毫不避讳，天南地北地跟我们说着长春许多见得光与见不得光的故事。

一样是开车来并管接管送、帮忙联络、找新题材……我和摄影师甚至怀疑他们的热心是否另有图谋，抑或他们是媒体的卧底。

临走前，无以为报，塞给他们一点钱作包车费，孪生兄弟死活不收，还送给我们几根吉林人参，举杯痛饮作誓："下回我去香港你们可要招呼我们啊！"

"一定一定！"我总如是说。

在孪生兄弟的帮助下，我们在顺利完成了地下赌场专题之余，还多做了六个人情故事，一星期的外访交回了七份功课，创了出差的最高收获纪录，回来后被老板点名称许，升职加薪。

是他俩让上司对我另眼相看，是他俩推我从此平步青云。我常想，这个恩，一定要报。

多年后的一个晚上，凌晨二时许，我还在公司处理排版事宜，忽然收

到一个电话，对方声线呜咽，是孪生兄弟中的大哥打电话求救："你是香港记者，能帮帮我吗？"

原来，兄弟俩来深圳办事，某夜，一队穿公安制服的人闯进旅馆房间，翻箱倒柜，抢去了他们带来的两万块现金，小弟死命护钱，竟被来人活活打死了。

大哥跑去报案，对方爱搭不理；去了几家报馆找人申冤，人家说无凭无据只能算是劫杀案一宗。穷途末路之下，他想起了我这个香港记者："你们什么都敢报，就替我把这桩冤案揭发出来……"

我心里凉了半截，心知肚明，老板只会如此问：

"一个东北人，在深圳遇到强盗，客死异乡，太阳底下天天都有都这种惨事，与香港人又有何干？"

"让我问问老板……"安慰完大哥，我只能如此敷衍。

"你是副总编，能拍板啊！这关乎人命啊！死了人呀，都没有新闻价值吗？"

"还是问问……"我明知老板不过是一个挡箭牌，让整件事情看起来觉得冷血的人不是我。

如我所料，采访被老板否决，还外加一句闲话："你不是第一天在这里上班吧？竟要我批一个这样的差事？"

能说什么呢？我的下属如果给我这种题材，我还不是一样毫无表情地否决了它。

大哥隔天继续来电恳求："你们是我唯一的希望，这里的人都不敢写，你要替我把冤情报道出去，一条人命呀，就这样不明不白地没了，我给弟弟被打得稀巴烂的遗容拍了照，你要跟我注销户口来啊，几十年同根的弟弟变成了这个样……"

我们一直铁石心肠。

大哥仍断断续续地来电，半年后，彼此才失去了联系。直到我打电话到长春，发现号码成了空号那一刻，我竟然卑鄙地觉得如释重负。

外出工作，受了人家太多的恩惠，总以为一顿饭、一壶酒就可以回报对方。这次过后，我再也不敢轻言许诺；因为出于商业的考虑，记者的力量可以很大，也可能非常渺小，尤其当人家拿一条命想换你一个仗义执言的回报时。

Chapter ⑤

万里路上的
异国教育

　　一岁冲上云霄，四岁游遍欧亚，十岁跑完五
大洲……

　　今天的孩子太幸福了，出游几乎是生命中的
指定动作，一年几回的异地游，除了一大堆的照
片和纪念品，又有多少能让心灵悸动的记忆？

投入另一个国度，感受另一种生活，每回出游其实都可以是一场探索、一次对世情的体察，懂得寓教育于游乐，你不必再花钱赶报千篇一律的游学团了。

吃一粒时间停顿胶囊

暑假替孩子找活动，首先要安排的是一次出游。

我们本爱自由行，这次懒得张罗，想想不如到旅行社找找看，或许能碰到一些超值的团省省钱。

跑了几间，来来去去还是那些内容，其实我心仪北京、内蒙古，想趁长假期带女儿看一看祖国风光，于是找职员问讯。

对方吃了一惊："内蒙古不适合小朋友玩，不如选首尔或者日本？那里有乐园，又可以摘草莓……"

"我女儿一直嚷着要去内蒙古看大草原、骑马……"

"说是这么说，可哪个小孩不喜欢去乐园玩呢？"

"新西兰如何？"我又问。

"新西兰就是看风景，最多喂喂羊……"职员再次打击我。

为什么大众一定要为孩子定型？为什么我们总是觉得小朋友只爱乐园不爱风景？为什么我们不在旅游过程中培养孩子欣赏世界的兴趣？为什么家长只肯花钱带子女到世界各地的乐园转一圈再买几箱战利品？为

什么大家会以为在风景面前、在博物馆里、在寻常巷陌中，孩子们一定觉得没趣？

习惯，应该是自小培养的。

孩子习惯了吃买玩式的旅游，从此只会以游乐园、喂动物、摘水果作为好玩的准则。如果每回出游都是一场探索、一次对世情的体察，孩子每坐一趟飞机就都是一次丰盛的游学故事了。

于是，我们又放弃了千篇一律的"鸭子团"，重新回到桌子前，找书、上网策划另一段背包自由行。

计划旅游是一个既痛苦又满足的过程，每晚安顿孩子睡着后才挑灯上网，搜寻酒店旅馆民宿已是一件让人伤透脑筋的事，还要安排行程、找景点、查交通……

带三个孩子的自由行绝不能像旅行团的行程那样天天转酒店，计划了九天京都漫游，一早便打算留守同一家旅馆，然后放射式地到市内和周边游。于是，找到一个让人住上九天都不会后悔的地方非常重要。

机缘巧合，又像是命中注定，那天，因为一个诗意的名字，随便点击

了一下，对了，就是"它"！

一间叫"伏见馆"的民宿，里面有一头美丽的金毛巡回犬，女儿一看，哇哇叫得不得了："妈妈不用再找了，就住这家！"

之前到过京都几回，最喜欢的不是声名显赫的清水寺、金阁寺，而是满山鸟居的伏见稻荷大社。恰巧这民宿就坐落在神社旁，一切都是缘；孩子为了那只狗，我为了那间全日本最大的神社，搜寻终止，决定落脚于此。

在繁忙的京都站转了一次火车，不过两个站的距离，已经体味到另一种关西风情。

如愿住进小镇，民宿旁边有一条琵琶湖支流，转过弯还有条火车铁轨，是那种有火车经过就会"叮叮叮"落闸的路上轨迹，孩子第一次尝到在栅栏前等火车路过的滋味，我就想起了朱自清的《背影》。从前一直惘怅应该怎么向孩子讲解朱自清看着老父亲跨过火车铁轨、爬上月台这一幕，对了，这里就有一个切身处地的活教材，"原来火车铁轨的上面是可以走人的！"，那是孩子来到京都后的第一个大发现。

小镇的店铺六点左右便陆续关门，死了大家的疯狂购物心。小小小区如同服了时间停顿胶囊，保留着传统的美态。桃山明治天皇的陵寝也在此区，可见这里是块灵地；月桂冠酒厂在此设厂，可见这地的水也是灵水；全日本最美的赏枫地点东福寺就在徒步范围；绿茶之乡宇治坐几站火车就到……明明踩着历史散步，却又可以在五分钟内乘火车抵达京都市的中心。

吃完晚饭跟女儿到河边散步，小镇的静谧闲适让孩子们完全乐在其中。热情的老板娘还送了女儿们一大袋小型烟花，这天晚上，几个胆小鬼第一次在异国的小桥上放烟花，大家都说好玩过去迪士尼乐园。

没有乐园，没有喂动物、摘水果，谁说孩子不爱漫游爱刺激？！收拾一地花火的狼藉，回到民宿陪老板娘踢着拖鞋遛一会儿狗、看一阵星空，夜里就连小女儿的梦话说的都是这句："我们以后都住这里吧……"

第一次腰缠万贯

女儿家多少都有点"购物狂"基因，家里明明物质泛滥，可一旦外出，看到好东西，又忍不住出手。

因为爸爸事务繁忙，这回当妈的做了领队带三个女儿游日本，一行四个女子，堕入东瀛的花花世界，想自制，难矣！

没有爸爸在店铺门前泼冷水：

"走啦，有什么好看的？！"

"行啦，每一间都一样……"

"这些东西摆明是骗游客的啦……"

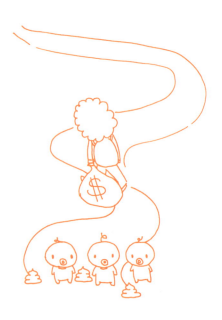

"家里一大堆了，还买？"

"那么贵！买来干吗？"

"前面已经看过了，又看？"

"这间跟前面那间一样！"

…………

更没有爸爸在收款机前拉紧缰绳，四个女人就像失控的癫马一般，每游完一个景点，总会在纪念品店里挨家挨户地逛，不买也要看！

结果，第一天就在商店街惨遭滑铁卢，10 000日元，转眼间花光，还有这么多天的行程，带来的钱能不能捱到回香港？我表示怀疑。

"哇，不错嘛！"女儿的惊呼声此起彼伏，东瀛物事又实在美得让人不能自拔，小女儿成了第一个沉沦的"购物狂"，就连到便利店寄张明信片，也顺手买了本漫画书。

总得想个法子。

于是，决定采取配给制。九天的旅程尚余八天，我给三个女儿每人豪派10 000日元（约900港元），各自用来购买纪念品、礼物、汽水、零食……当然也有"压袋"之用，万一走失了，应该够钱搭出租车回民宿。

至于钱就从她们的存款账户中扣除，这样孩子们花起钱来才会心疼。剩下的存回银行，剩得多的有奖。

女儿们第一次"腰缠万贯"，感觉十分奇妙，就像是忽然中了六合彩，既想低调又想张扬，一想到外出有钱可用了，实在难掩兴奋。

"这个饮料不错，好像很好喝……"在超市里我拿着一瓶唧唧冻奶茶如是说。

"买来尝一下啦，我请你！"小女儿豪气干云，财大气粗。

头几天，"购物狂"小女儿已经花掉了一半"身家"，两个姐姐声明，过两天钱花光了别来跟我们借！

拿着一笔"巨款"，学的除了节制，还有计划。小女儿习惯一看到喜欢的东西就买，走着走着遇到更好的就后悔了。两个姐姐懂得还价、比较，还会取舍，结果花的钱不多，但买的都是"心头好"。

从前，钱都是家长付的，孩子们买东西根本不用思考，对爸妈缠呀求呀的就是了。今天一分一毫都想过算过，"购物狂"变得精打细算起来，逛了一个钟头，最后只买了一支京都风味铅芯笔，既实用又有纪念价值。

配给零用钱的最大好处是让我省掉了许多在礼物上的花费，从前付钱的人是我，女儿们买东西送人毫不吝啬，这个送A那个赠B，同学老师无论亲疏，几乎都有礼物。这回要买就真的要"割肉"了，思前想后，女儿们的礼物不再人人有份，也好，顺便整理一下朋友库，看看谁才是你真正的老朋友。

九天下来大总结，每个人居然都有余钱，二女儿剩的最多，10 000日元只用了一半，小女儿渐渐学会了节制，钱包里居然还剩下几十枚硬币零钱，大女儿花了七成钱，有点后悔："早知道还有的剩就买那个啦！"

莫非天公作弄？临走时我竟发现钱包里的钱不翼而飞，是什么时候被偷的已经无从稽考了，一行四人拿着几百日元硬币怎么捱到回香港才是最大的问题。

其实我还有收藏在别处的后备钱，为了吓唬女儿们，让她们知道没有钱的下场，我就顺理成章地演了一幕弹尽粮绝的好戏。

钱到用时方恨少，女儿们终于明白了剩下钱原来不必后悔的道理——三个孩子连分币都刮出来做奉献，"都叫你不要买那么多啦……"两个姐姐继续教训大手大脚的小妹。

储蓄可以救命，四个傻瓜拖着两个箱子，一个面包四个人啃，算着数着来到了关西机场，完成了这堂"腰缠万贯"的金钱教育课。

京都，要慢慢地走……

原计划的旅程是京都八日游，亲友们一听都哗然，一个京都怎么玩八天？

香港人都喜欢密集式旅游，很短的时间内去很多地方，最好八天跨越六国或者五天去三省两县，这才划算。

在一个地方待八天，实在不可思议，结果，我们还把旅程多延了一天，玩足九天，仍未尽兴。

在京都学会一个词叫"散策"①，这里有很多旅游地图，都是教你如何放慢脚步游京都，慢慢走，你会慢慢发现好的东西。

香港人做什么都风卷残云，"快点啦"是我们的口头禅，大人小孩总是追追赶赶、争分夺秒，这几天决定把生命凝结在这个时空，母女四人一同停下脚步学习"慢的艺术"。

到东京，你未必一定会爱上日本，但京都，就像是一个图腾，或者一部历史，要认识这个国家，最好从京都开始。

今日我们不会在中国的哪个城哪个镇看到满街穿旗袍的女人，但在京都你会发现，不穿上和服就好像跟这城格格不入似的。转进城市里的内

---

① 指柱杖散步。

街，外面明明车水马龙，但只是隔了一条小巷，就忽然不知人间为何世。还有举目满眼的小桥流水旧建筑，永远的躬身微笑，京都果真是一部浓缩的大和民族史。

　　曾经别有用心地打算趁暑假带孩子到北京去，总觉得是时候让她们在长城脚下、故宫门前来一场活动的中国历史课了。大国崛起不该止于三亚私人沙滩或者长隆野生动物园，站上长城烽火台的中国印象跟走过罗湖桥吃一顿饭、逛一回书城，完全是两码事。直至看到热浪袭京华的新闻随即打了退堂鼓。

早知道这班"哈日族"一去了京都就不能回头地更爱日本，果然，无论天气多热太阳多烈，她们都如着迷般开口闭口都是日本好。如果要问我这趟京都之旅最大的遗憾是什么，我想，应该是没能力让孩子在爱上日本之前，先爱上祖国。

大都市中的文化保护

对于横贯城市的水道，香港人向来没什么好印象。

名字古雅的城门河，不宜泛舟只会泛臭；站在海边吹风，不见得一定送爽，要视乎所处位置的风向。我住的区内就有一段臭到要屏住呼吸而过的海傍路，大概是香港独有的风"味"。

还有纵横各区的大小明渠，一条大大的臭水沟展现于闹市之中，绝非文明的城市规划。

于是，一来到京都，一看到那条鸭川，那道琵琶湖的支流，就不安好心地以为那又是一条大明渠。直至在河边嗅到水的味道，扑面是湿润的风，见到有许多白白胖胖的鸭子在畅泳，这才相信眼前的果真是条河。

"鸭川"贯穿京都，是条一级河流，我们最喜欢站在"三条"或者"四条"大桥上看河边风景。早与晚，日与夜，感觉迥异，闲适不变。

横亘的水把都市人的节奏凝住，一对对恋人、一群群挚友、一户户人家，甚至独自一人，或坐或卧或踱步河边，享受、呼吸这鸭川的水。

女儿鲜见这种闲适，问："他们在做什么？"

"不做什么，坐坐而已……"

"我们也去坐坐吧！"女儿说。

"我们还要赶去……"心想这么一坐，又耽搁了预定的行程，只是话说到一半，还是吞进了肚子里，难得孩子有京都人的闲情，怎么好打压？

走下去才发现桥底居然柳暗花明地还有一条小溪，仅及脚眼浅浅的一条分支，已有几个孩子在那里追赶鸭子。女儿们一见二话不说地脱鞋下水，水是透心地凉，闲坐在鸭川旁玩水，暑气和疲累全都消失了。

在香港，你会觉得忽然停在城市中央嬉水是一种格格不入的行为，桥上明明熙来攘往，桥下却像是电影定格。但在这里浪荡，没人会怀疑你是

无业游民或者是思觉失调①的患者，没有父母会阻止孩子脱鞋玩水，更没有家长在一旁叱喝，叫孩子别走近那几只可能有禽流感的鸭子。

　　鸭川两旁是一排排的老房子，这种旧木屋是京都特色的"京町家"，木质透视出年代，细看才发现沿岸的老屋其实都改装成了餐厅和咖啡店，桥头那间古屋原来是星巴克，只是名字都低调地隐在旧木之间，沿岸没有一个大招牌喧宾夺主。指点着这些旧房新用的实例，孩子们终于明白了什么才叫高明的文化保护。

---

① 指一种可能发生于一些人士身上的早期不正常精神状态。

没有冷气的国家

回港后才知道原来日本这个夏天热死了50多人，怪不得待在京都的九天从早到晚身体都在冒汗。

针对全球变暖、关注温室气体减排等问题拟定的《京都议定书》，13年前在这里签署，于是总觉得京都在环保方面的规定应该比其他地区遵守得更严。

果然如此。

民宿老板娘说，这里夏季空调的温度规定是不低于28℃，相对于香港政府提倡但没多少人跟随的25℃，还要高出3℃来。乍听之下，让我们觉得简直是天方夜谭。

开惯了冷气的女儿莫名其妙："日本这么先进，怎么好多商店都没冷气？"不单商店，其实有些商场、餐厅、小店和所有商店街都没有空调。对比香港公共汽车上的强劲冷气，日本火车、电车里吹出来的仅属于微风。

京都的楼房没香港的高，太阳直射下，大地特别火烫。香港满城如屏风般的楼挡风也遮阳，夏天的热又湿又闷，走两步受不了可以钻进冷气强劲的商场、餐厅、小店，香港的巴士更是出名的冰柜，大部分人一回家就冷气长开，除非做的是户外工人，否则长时间流汗的机会其实并不多。

　　京都的热是晒得像锅炉，尤其我们往郊区走的日子，几乎天天与酷日做伴，九天流的汗是在香港一个夏天流的总和。这里的冷气不密集，也不会像香港开得那么冷，凉凉的刚好够让你振作一下再上路。

　　入乡随俗，女儿们在京都要学的第一课就是忍受酷热。人家衣冠楚楚、一脸浓妆地顶着大太阳，也没有大呼小叫，你我已经背心短裤凉鞋拖鞋的了，又怎么好意思再挑三拣四。

　　几天下来，女儿们渐渐习惯了酷热："原来冷气不用开那么大，起码进出商场、餐厅不用多带件外套又穿又脱的那么麻烦……"

　　总觉得香港人有点病态地冷气中毒，学校、办公室、酒楼、商场……空调开小点大家都会有意见。这几天，我在大汗淋漓的日子里对日本人的耐力深深佩服，无论在市区还是旷野，我们无时无刻不热得要死、浑身湿透、狂吃冰淇淋降温，但路上遇见的日本人，一个个若无其事地在烈日下安然走动，有些还真的没有半滴汗，我不禁相信香港人的生存能力果真比别人低了，尤其在扛热方面。

不能滥用"对不起"

距离民宿约15分钟的徒步路程，有一所很大很大却又非常低调的禅寺，静静地坐落在伏见区，它的名字叫"东福寺"。

京都的寺庙、禅院、神社多如恒河之沙，计划旅程之时，我们严选景点，专挑世界文化遗产、最古老或者最有特色的来看；网上、书中对"东福寺"只有几句简介，它自然被我们迅速剔除，不在探访之列。

如果不是民宿老板娘大力推荐，还专程带我一游，我真没想到原来自己就住在全日本最美的赏枫地旁边。这里的枫树除了红叶，还有金叶，故每逢秋至，本地人都跑来这里赏枫。日本人总把最好的留给国民，这个最美的赏枫地也不例外。

"东福寺"是京都最大的禅寺，占地20万平方米，拥有一个现存最古老的山门。

山门即寺院的正门，由于寺院多数远离喧嚣，藏身林深之处，出家人一入山门便要舍弃世俗事，故山门又叫三门，即寻找智慧、慈悲、方便的法门。

东福寺的山门除了古老，还藏着一个悲凉的故事……

一对木匠夫妇，受命兴建这座禅寺的山门，这两个完美主义者，不仅

手巧，人也尽责。找最好的木头、用
最好的手艺，堂皇的山门还没建好，
花销便超了支。木匠夫妇过意不去，
心怀愧疚，唯有努力把工作完成，好
建出一道宏伟壮阔的山门来。完工之
日，夫妇俩却在山门之上双双自尽。

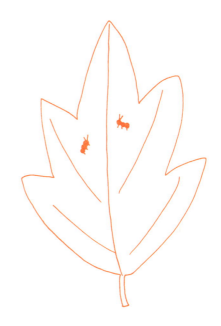

世人惊讶于木匠夫妇巧夺天工的
手艺，也惋惜两人以命补过的行为，
更佩服他们对诺言的执著，于是就在
山门顶上摆了两口木棺，以纪念他们
对工艺的忠诚。

木匠夫妇的故事给漫山枫叶的东
福寺添上了一笔凄美，女儿们听罢却觉得莫名其妙："建寺超了支，说句
'对不起'不就得了，为什么要死？"

这是现代人的思维方式，孩子们喜欢唱容祖儿的一首歌《双冠军》，
歌词里就有这么一句："只要认错，犯错不是问题……"女儿每次激怒我
时，我就搬出这两句让她们跟我道歉。

"'对不起'是不能滥用的。"我说。

虽然木匠夫妇自缢于山门的行为不可取，但犯错只躬身道歉了事，搬
出"对不起"来推卸责任，不承担后果，让别人替你收拾残局，却又是另
一种越来越盛行的新时代怪现象。

陵寝前的集训

一直以为铁路是日本自由行最便捷的交通工具，来到京都才发现，京阪电车才是这里的运输命脉。

名为电车，其实亦是铁路，两分钟路程便设有一个站，几乎覆盖京都所有知名与不知名的景点。十来块钱的车费，便宜得根本不用费神去计算该买什么日票、月票。

我们下榻的地方就在这条京阪电车铁路沿线上，坐几站车就有好风光，睁开眼总能碰上几个文化遗产，于是我们连大阪也懒得去了，就天天在这条线上穿梭游历。

从住处"稻荷"坐十分钟车，就抵达了一个叫"伏见桃山驿"的地方，这里没有大锣大鼓的旅游介绍，铁道图谱上只低调地写着"明治天皇陵寝"几个字。地图上的月桂冠纪念馆、黄樱纪念馆等，甚至驰名日本的清酒酿制场，都存在得比皇陵高调。

路的尽头，一块大石头立于眼前，上书："明治天皇陵昭宪皇太后陵"，仅此而已。

大石后面，是一望无际的石板路和两旁延绵不断的参天古木。陵道组成的画面只有石头的灰、树的绿和天的蓝，贯彻日本人的简约美，与北京明十三陵的慑人气魄截然不同。

踏着小石子，脚下飒飒之声不绝于耳，如同步入闹市中的世外桃源。偶尔跑过一队穿着制服在特训的中学生，除此之外，只剩风声、鸟声、呼吸声。

走了近一小时的石板路，才来到明治天皇——日本人眼中最伟大的皇帝陵前，只是默默地由几个鸟窝、一大片松树守护着。

皇陵经过98年的经营才有了今天的规模，一草一木都是心血，徒步走了两个钟头，沿途竟没发现一块垃圾、一根枯枝、一片落叶。

据说京都伏见区的明治皇陵与东京都内的明治神宫，组成了一个保卫日本的风水格局。伏见的原音是"fushimi"，意即"不死身"，陵寝建此，见证明治精神不死。

因为欣赏这片闹市中的世外桃源，回来后便四处向友人推介，对方问得直接："陵墓有什么好看的？"

不是挖苦嘲讽，而是真的想问：究竟那里有什么可看的？有什么卖点？

说真的，陵墓向来都不会好看。

曾经到过宁夏回族自治区的西夏王陵，"驾长车，踏破贺兰山缺"，只见一个个草头墓地，如星宿般组成的九座土堆，埋藏着千年前沙漠上消逝的西夏王国。

还有那年看完了《书剑恩仇录》，千里迢迢地跑去新疆喀什看香妃墓，原来不过是小棺一口，外加一辆香妃坐过的破车作凭吊。

陵墓的重点在地底、在土里、在历史间，游者不该在乎一张"到此一游"的照片，宏伟的是泥土下尘封的故事。

京都的明治天皇陵没有拍照位，没有纪念品店，就连照片解说都欠奉，与其说是景点，不如说是一种对日本历史文化的认知与感受。

那天，我不怀任何历史情结地来到陵园，冲击我心灵的不是明治维新的功，抑或甲午战争的过，而是当天烈日下一队队擦身跑过的高中生。

"如果在香港，要孩子们在这种酷热下跑一个早上，家长们恐怕要告上教育局了！"我想。

这天的气温估计有35℃，小女儿边走边鼓着腮喊

着热呀、晒呀、还要走多久……没完没了的石板路，我们慢慢走，衣服裤子已经湿了好几回，然而那些高中生却在来来回回地跑呀跑，进行"地狱式集训"。

"这是明治天皇的训谕：日本人天生个子小，要胜过别人，就要有良好的体魄，所以日本的学校对体育非常重视，每个学生都要加入一个运动部……"同行的日籍民宿老板娘解释。

想想我们的孩子一星期才有两节体育课，一放假就要在补习社、琴行、画室间赶场，那天某小学的学生为了考体能多跑了几圈，随即有十几个人口吐白沫、头晕不适要送医院。

如此四体不勤的下一代，即使个个都是高智商又如何？

急流上的榻榻米

在网上看到京都近郊这个叫"鞍马·贵船"的风景区，已然心动。

到达后一直犹豫该不该去，因为资料讲明是要爬山，问民宿老板娘的意见时，她劈头就问："孩子们能走多远的路？"一切似乎在暗示，此行并非易事。

爬山不是问题，酷热才是重点。考虑了几天，跑过了许多地方，见孩子们都渐渐适应了酷热的天气，于是找了个堂皇的借口：贵船每年夏天5月到9月，都有此处独有的川床料理和流水面，过了季节就吃不到啦！这个看似非去不可的理由，让我决定带着三个孩子去爬山。

鞍马跟贵船其实是两个地方，中间有座大山隔着，两地相距的只是一个火车站，但要用脚从鞍马走到贵船，或者从贵船走到鞍马，却要翻一个山，耗上最少两小时。

你大可以在鞍马站下车在那里看看，然后再乘几分钟车到贵船站又下车看看。当然，这两个景区连在一起是有原因的，因为最美的风景、最独特的故事，只有爬过鞍马和贵船中间的那座大山，才能看到、体会到；吃点苦才能欣赏到美景，是游览这两处地方的最大乐趣。

在鞍马站下车后，我们在地图前驻足，我比划着："从这里，攀一座山到贵船，谁能走完全程，到了那里我就请谁吃流水面……"

200

为了一顿看似游戏的饭，女儿们雀跃地上了"贼船"，一走便是两小时。上山走了一半的路，小女儿就快哭了："走不动了，真的走不动了！"倒是沉默的二女儿爱上了沿途那片杉林，边走边举起相机拍下那些树根的大特写；大女儿原本走得慢慢吞吞，只因为森林中一只掉在她脸上的蜘蛛，忽然越走越快。

连哄带骗地把原本说走不动的小女儿鞭策上了路，这孩子后来竟大发神威、一马当先地跑在最前头，再次证明孩子的潜能都是在山穷水尽的情况下逼出来的。

"看到贵船川啦！"我们一直听着水声走，终于攀过了一整座山，抵达京都著名的避暑胜地"贵船"。沿山再攀上"贵船神社"的路，红灯座配上翠绿的枫叶，是我见过的最美丽的山川风景。

神社旁有条湍急的河名叫"贵船川"，奔腾流水之上竟建起了一间接一间的料理店来。

顾客都在建于急流上的榻榻米上坐着用膳，颇有水上大排档的感觉。从山上流下来的河水特别冰凉，客人席地而坐，在水上吃怀石料理，是为此地独有的"川床料理"。

这种吃法，卖点不在食物，而在环境。不用冷气，无须冷饮，便让暑气尽消，大概只有吃过川床料理的人才会领略个中奥妙。

外面的气温明明是33℃，但一坐进川床的范围内，顿时如同进入秋冬的深山，一股山川寒气直闯心房，比起空调的人工化，这里的凉意是饶富生气的清爽。

川床料理之外还有流水面，一样是坐在河川上的榻榻米上，吃法是面条从管子里沿着山水冲出来，考的是筷子功，手快有的吃，手慢没的吃。

吃川床料理太费时了，我们挑了好玩的流水面来吃，每位1 200日

元，大人小孩同等价位，四个人开销4 800日元，折合约港币430多元，规定15分钟吃完这顿只有净面的午饭，贵是贵，就当是尝新避暑了！30多度的气温下，等了半个钟头，吃了十分钟就冷得全身起鸡皮疙瘩了，原来河川上是这么冰凉舒爽的。

辛苦尝得世间食，女儿们从愁眉苦脸走到豁然开朗，一顿快餐，攀过一座山来吃，苦尽甘来，滋味无穷。

好东西不分国界

到京都，不得不提一种就快被遗忘的风景——苔。

对，是苔，苔藓的苔，我们习惯叫"青苔"，真的，好青好青，毛茸茸的像一张青色的地毯展现在眼前。

我看到的，只是东福寺旁边小道上其中的一幅翠绿，便足够惊艳了。在旅游信息中心拿了简介，看到京都近郊还有一个地方叫大原，里面"三千院"那幅壮观的青苔地才让人怦然心动。

育苔工作要靠天时地利，长得好的青苔地多是天然而成的，苔跟樱花红叶的浪漫截然不同，青苔带出的，是满眼盎然的生气。

大原还有一个叫"诗仙堂"的地方，里面挂满了中国36位诗人的肖像，这个被国人鄙视的国家，却尊崇地供奉着中国古代最伟大的诗人。

记得女儿们在看宫崎骏的动画片《猫之报恩》时就有过这样一幕：女主角上学

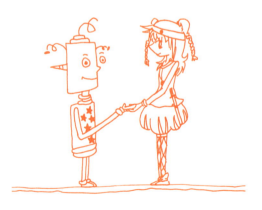

迟到了，蹑手蹑脚地步入教室，老师正指着黑板教诗，黑板上赫然写着的就是："国破山河在，城春草木深……"

女儿们当时就问："为什么日本的学校还教中国的诗啊？"我哑口无言。

回头看女儿们的中文课本，经典的《满江红》竟是自学作品，"老师简单读一次，你们自己回家自习。"老师应付了一下便去赶教学任务，这些伟大的篇章，竟都被牺牲掉了。

"三十功名尘与土，八千里路云和月，莫等闲，白了少年头，空悲切。"身为中国人若是念不出这几句精彩的诗词，真是空悲切了。

倒是别国学起中国文化来更加认真，日本小学生的启蒙书之一便是《三国志》。NHK教育台（日本放送协会）有一节课是教中国的诗词歌赋，听说诗词朗诵在日本非常普遍而且大家都是自费去学，但我们的课本早就把这些伟大的篇章删除、摒弃兼不屑一顾了。

"为什么你们会学中国的诗？"终于有机会问了个日本人。

"好东西，是不分国界的……"说得好啊，我竟还拘泥于美丽诗篇是"中国的东西"上，难怪我们一直落后于人，因为大家一直都沉醉在几千年前的荣光里。

下一代孩童的较量

　　日本朋友来港办事三天，我特别腾出了一点时间做她的翻译兼导游，她再三重申："你真的有空才好啊！"我说："早上把孩子们送去上学，时间就一直是你的了……"

　　朋友呆了一呆，有点困惑："送孩子上学？为什么要送？规定要送的吗？"

　　我也反应不过来，送孩子上下学，对家长来说一直是天经地义的事，我们从没想过"为什么"。

　　"香港的孩子都要父母送的吗？"朋友像发现新大陆一般，我倒尴尬起来了："小学生大都是家长接送的，有的坐学校的班车，有的是自己接送，当然也有自行上下课的……"

"日本是不准爸妈送孩子上学的！"她说。

"不是吧？"我奇怪，"怪兽家长"明明是日本传过来的新名词，那里的父母应该比我们更紧张，怎么他们对待孩子的尺度比我们还宽松？！

"幼儿园还是可以送的，但上了小学以后，一律要自己上下学，从来没有家长接送这回事。即使读的是贵族私立学校，即使你家再有钱，你的车最多只能停在远远的路口，孩子，一定要自己走到校门口。"

朋友来自关西，住在小镇，看到的都是真实的日本民生。我想，如果东京的家长已经像我们一样"怪兽"，那么日本至少还有99%的人口是如此过活的。难怪看日本的电影、电视、纪录片什么的，总看见孩子们独自背起背包上学去，小学的男生还要一年到头地穿短裤，天寒地冻也不例外。

"自行上学是一种锻炼……日本的学生坐公交车还有一个不明文的规定：穿着校服上火车，即便车厢里有空位，也不能坐下去，站，也是一种训练……还有，小学里大都没有食堂，孩子们的午饭都是自备的便当，忘了带午餐，就得自己想办法，孩子吃饭也不是唾手可得的事。"

实在惭愧，我家孩子天天坐私家车上下学，午餐是每天由快递送上的热饭菜，下一代孰优孰劣，已立见高下。

细味生活

做了朋友三天的临时导游，第一次以游客的眼光看香港。

"为什么香港的地名常常是中英文不相符？"车子一上高速公路，朋友就问道。

"……"没想到当导游原来这么难，第一句就被问倒了。

"譬如这个：旺角叫'Mongkok'，中环却叫'Central'，长洲叫'Cheung Chau'，大屿山却叫'Lantau Island'，筲箕湾叫'Shau Kei Wan'，铜锣湾却叫'Causeway Bay'，九龙城叫'Kowloon City'，但九龙塘又叫'Kowloon Tong'……香港的地名有时音译，有时意译，有时更是风马牛不相及的译，你说游客该相信哪一个？"

"……"住在香港这么多年，几乎没有想过这些每天都擦身而过的问题，本土的通识应该就是这些，但我们的课本却从没教过。

"因为你懂中文又懂英文，所以才有混乱的感觉，如果你单看一种语言，是绝对发现不到差异的……"我只能把责任推到友人身上。

"咦？这里还有花呢，是洋紫荆吧？你们的市花在哪月开得最多最好看啊？"朋友又问。

"……"噢，又语塞了，是夏天吧？好像秋冬也开，我家窗外明明尽是洋紫荆，可我就是从来没有留心过何时花开花落。

朋友来自日本，他们对自己国家每年的樱花期、红叶期可是十分在意，"花见"[①] 这种地域大新闻，于我们香港人来说从来都是过眼云烟。

"带你去喝茶！"被她问太多答不出来的问题，还是去吃吃喝喝吧！

"这马拉糕很好吃，是马来西亚传过来的食物吗？"

---

① 日本的一种民间习俗，意思即"赏花"。

"烧卖为什么叫烧卖？又不是烧出来的，怎么能跟烧扯上关系呢？是不是有什么故事在其中？"

"你们喝茶的茶杯下面为什么要加一只小碟子？又不是喝咖啡，又不用摆匙羹，碗下面已经有碟子了，茶杯下再多一只碟子，不是重复了吗？"

…………

喝完茶逛商店，朋友尝过中国式的陈皮梅，很是喜欢，四处找来买。

"这陈皮梅是梅子做的吗？加陈皮做的？嘉应子又是什么做的？跟陈皮梅好像差不多……"

…………

问的都是看来理所当然的问题，我却总是无言以对。

这是通识？不，是生活，几十年匆匆走过，原来我们从来都没有在这片土地上细味生活。

像蚂蚁一样生存

女儿们问："同学们都说2012就是世界末日了，是真的吗？"

在日本东北部大地震之前，我一直将此作为无稽之谈来跟孩子讨论末日之事，直至那天，大家坐在电视机前一起目击海啸吞噬了大地……

"真有世界末日的话，我们还做什么功课？"女儿们看着一个个的废墟，笔杆子都停下来了。

我沉默了。

日本人向全世界展示了最优秀的国民教育：沉着、冷静、互助、守纪，从电视画面里，我们看到了史上最"优雅"的逃难场面——哪有人逃难还逃得这么平静？白色长衫，竟没沾到半点泥泞；老伯伯的裤管，依然有烫过的笔挺痕迹；有个被救出的老妇人，金丝眼镜下化的妆竟没被毁掉半分……

大阪的一位外国人形容得精妙："日本人就像蚂蚁一样。你见过蚁道吗？即使水淹了过来，冲散了蚁道，它们很快又会再回来，走出一条新的蚁道。"

太平盛世，"蚁民"是负面印象；但灾难当前，"蚁性"却是恢复秩序、重建家园的最大资产。

"为什么日本人好像完全不怕似的？"女儿们问。

"很难解释，那牵涉到人民的素质……"

"什么是素质？"

…………

那又要从教育讲起了。我们的孩子从小便受到"大惊小怪"这四个字的熏陶，日本的孩子每天却在练习或演习如何面对灾难。一个建在地震带的国家，求生术是从小到大的必修课，《哆啦A梦》的动画片里都会有"遇上地震，第一件事是赶快把煤气关掉，然后拿起急用百宝箱往外逃跑"的情节，生存知识，课本讲、学校教之外，还会从生活中一点一滴地渗入，最后变成本能。

我们的孩子，十有八九是不会分辨东南西北的；遇上突发事件，除了哭，就是闹。我们有很强的批判能力，却没了基本的生存本能。

我们本就是
生化战争的存活者

这几天，忽然很想吃日本菜。

女儿们说："吃吧，一起去！"

"不怕吗？那辐射……"

"怕什么，有问题的食物，日本不会让它出口的。"孩子们的语气坚定得就像是新闻发言人。

想起那回让她们在Youtube上看的内地独有的油焖笋制法：先将废弃的木筷子削成片状，泡在盐水中浸软，几天后筷子水跟筷子变成一样的黄颜色，再加入糖、味精、辣椒……然后，就会制成平日在饭馆里吃的一模一样的油焖笋了，不同的是这笋是由木筷子造的！

从此，女儿们再没吃过竹笋，即使这条新闻被澄清是假的，她们还是连碰都不敢碰。

什么国情教育都不及天天看到做假的新闻深入民心。这天，报纸的头条是"日本灾区牛奶菠菜染辐射"，内版却有一篇"甘肃毒当归流入

香港"，那当归，全是用激素催熟、洒剧毒农药、硫磺熏蒸而成的。
前几天，福岛核电站还在燃烧中，内地又有不法商人用"福尔马林"
制作猪血！

　　网上有这么一则小文章，说的最接近事实：

　　这么多年来，我们天天盖黑心棉被，吃地沟油制的食物、化学火锅、
三聚氰胺奶粉、毒大米、香精茶叶、避孕药鱼、尿素豆芽、硫磺馒头、甲

醇酒、皮革奶……我们根本就是在一场生化战争中活下来的，我们一直都赢在起跑线上，何须害怕，更不要担心……敌敌畏、苏丹红、三聚氰胺，你身体里哪一样没有？把你劈碎了摊在地上，根本就是一张完完整整的元素周期表，还吃什么碘？

最近，女儿们的无厘头脑筋急转弯又多了一道新问题："有什么比辐射更恐怖？"

答案是："中国人！"可见这些每日爆出的制假、售假新闻，对孩子的影响有多大！

以后，还去看樱花吗？

幸好，谣言出现的前一天，我刚刚买了盐。

"吃得了这么多吗？"我问。

"谁说是用来吃的？拿盐洗菜、洗衣服、洗澡……可以洗去辐射呀！"

我想起了留守在福岛核电站的那50位死士，这几天，他们大概连洗脸的机会都没有。

有大埔区议员甚至得意洋洋地告诉记者，他家已经储存了53罐日本奶粉，还事不关己地推卸责任："不是我刻意囤积的，而是亲友好心帮我买的……"我想起日本东北部灾区避难所里没奶喝、没被子盖的老弱妇孺，他们在危难中濒死，而我们却在安逸中囤货。

知道我一家大小都是"哈日族"，便早有亲朋好友来电警告：以后不要再去日本了，不要再吃生鱼片了，"出前一丁"也别吃了……

注意：大家用的字是"以后"，仿佛关于这个国家的一切，从此将在我们的生命中消失了一样。

曾经，"日本制造"这四个字，是优质，是贵价保证；今天，这四个

字却成了诅咒，像麻疯病菌一样，闻者颤栗，见者逃窜。

就连广东核电局什么的都跑出来"起哄"："福岛核电站的冷却技术用的是30几年前的落后设施，我们广东那些是最新的科技，比他们先进百倍……"

严谨强大如日本，一秒之间却沦为世人眼中的可怜虫。可看看我们那幅雄鸡地图上密密麻麻的核电厂分布图，除了那句"自求多福"，我们还希冀什么？

春天来了，因为孤寂，因为被遗忘，因为再也没人敢来赏樱花……还因为沾上的灰烬带有一点辐射，今年的樱花，将更凄美。

何为人生必需品？

　　一个人要活着，必需品是一定要有的。对比之下，有片瓦遮头已经变得可有可无了，你看街头东一角西一隅的露宿者，没壳蜗牛一样活得自在。

　　要活得正常点，柴米油盐酱醋茶缺一不可，还要有所蜗居栖身，大人有班上，孩子有书读。

　　还有什么？

　　有部电视看看，有台计算机用用，有点闲钱喝茶买衣服……

　　还要什么？

　　最好可以去旅行啦！

　　距离必需品的定义，似乎越来越远了。

　　关爱基金决定拿出钱来给综援家庭的孩子作游学之用，之前的财政预算案也有为穷学生聘补习老师的拨

款，在这里我不想讨论这个政策的错或对，我只想让大家一起想想，究竟什么才是生活所需？

一顿饭？一间屋子？一本书？还是一个补习老师？一次旅行？

我一直抗拒补习班游学团，努力写了许多文章，呐喊了好多年，叫家长们别相信补习和游学是孩子成长的必需品。然后，我看到政府带头认同、带头促成这门教育副产品的大生意，甚至大洒公款让世人相信：游学、补习跟吃饭一样重要！

没游过学感觉就差人一等、就被歧视，这种意识非常要不得，可恨的是政府竟牵头鼓吹。我见过一个没坐过飞机的穷孩子，每年暑假都跟潮阳来的妈妈回乡待上几个月，她的见识比我家孩子广多了！她看树知树，看草知草，是她告诉我们用香蕉蕾煲汤特别好喝，她的亲和、她的可爱气质是一般中产家庭的孩子最缺乏的。

可是，我们的社会却并不欣赏这种孩子的气度和空间，还要硬塞3 000港元叫她去游学、去随波逐流。

最近听到了一个朋友的苦恼经历，她读小学一年级的孩子那天回来怪责妈妈："为什么你不带我去澳门看水舞间？"

"发生什么事了？"妈妈很是奇怪。

"老师今天叫我们写作文，写一次看表演节目，我写了上次去海洋公园看海豚的事，可班上同学们写的都是去水舞间呀！"

"那才与众不同嘛！"换了平日的我会如是说。

只是今天我的这种看法会被人骂："叫政府多给些看戏津贴，孩子没钱看表演，会被人歧视的！"

抱着"地球"上厕所

一直想找个地球仪，大大的，最好是能放在地上的，安置在家中。

书店、文具店、百货公司都走遍了，原来想找一个称心的地球仪一点都不容易。

香港店铺的模式千篇一律，里面卖的东西也千篇一律，从Hello Kitty（凯蒂猫）、Sugar Bunny（糖兔宝宝）到松弛熊，从铅芯笔、记事本到笔袋……个个商场、间间店铺的货架上，来来去去都是那些商品。

"请问有没有地球仪？"

换来的一律是店员一脸怪异的表情加上摇头摆手，仿佛遇见史前怪物一样。

偶有出售的，只是那种放在桌子上的小地球仪，简直是咸丰年代的款式，轻飘飘的，不及我小时候在国货公司里看到的古雅结实。

"你可以去找文化用品商订购啦，现在很少有人进货了，一个那么大的地球仪又占地儿又没有人买。"文具店老板好心地劝说。

那次到泰国旅行，随街乱逛，竟在一家卖木制品的小店遇到了一个木制的落地地球仪。800多港币，以手工和木料来说不算贵，只是那时是带

着孩子度假，不想无端负重，于是考虑良久最终还是没有买下来。女儿们一直不愿意走，把玩着地球仪转了一圈又一圈。

回港后一直后悔，因为再也没见过如此精致古朴又实用的地球仪。

内地应该有比较多的款式，我想。但除了书城，我不太会找门路，最终还是在深圳随便买了个小小的，当是圆了孩子们的地球梦。

想要一个大地球仪是女儿们的心愿，她们常常耳闻目睹许多国家、

许多城市的名字，尤其在电视新闻后面的"瞬间看地球"节目里看到一些闻所未闻的地方，由妈妈东南西北地讲解后她们总是觉得不过瘾，打开地图看又嫌不够立体，于是找一个大大的地球仪来比划才是最好的一堂通识课。

"巴勒斯坦？是不是写错了？不是巴基斯坦吗？"

"说梵蒂冈是全世界最小的国家，为什么在地球仪上好像挺大的呢？"

…………

二女儿最近连上厕所都捧着地球仪。一个会动的小球，代替了小小百科全书，陪着她蹲马桶，十分钟的工夫，便走了一趟欧洲。

美中不足的是这个小地球仪上写的是简体字，又没有附英文，但孩子能把七大洲四大洋之内的国家名字、位置铭记在心上，已经是一次很丰盛的眼睛旅行了。

怪兽家长2：孩子复仇记

屈颖妍 著

图书在版编目（CIP）数据

怪兽家长2：孩子复仇记／屈颖妍著.－北京：中国人民大学出版社，2012.4
ISBN　978-7-300-15261-5

Ⅰ．①怪…　Ⅱ．①屈…　Ⅲ．家庭教育　Ⅳ．①G78

中国版本图书馆CIP数据核字（2012）第029612号

天窗文化
ENRICH CULTURE

怪兽家长2：孩子复仇记

屈颖妍　著

出版发行	中国人民大学出版社			
社　　址	北京中关村大街31号		**邮政编码**　100080	
电　　话	010-62511242（总编室）		010-62511398（质管部）	
	010-82501766（邮购部）		010-62514148（门市部）	
	010-62515195（发行公司）		010-62515275（盗版举报）	
网　　址	http://www.crup.com.cn			
	http://www.ttrnet.com（人大教研网）			
经　　销	新华书店			
印　　刷	北京市易丰印刷有限责任公司			
规　　格	170mm×210mm　16开本	**版　　次**	2012年4月第1版	
印　　张	14.25	**印　　次**	2012年4月第1次印刷	
字　　数	120 000	**定　　价**	35.00元	

打开天窗　说亮话

在信息杂芜多元的世界中，天窗文化期待以一本本悦目的书籍，打开一扇扇天窗，为新世代读者提供一个内容真实可信、角度新颖、编排轻松的阅读平台，以激发独立思考和创新能力，倡导拥抱梦想、健康向上、自我提升的生活方式。

教养 EDUCATION 04

打开牛津剑桥大门

作者	毛羡宁	规格	212页 | 170mm × 230mm | 双色印刷
		定价	32.00元 | ISBN 978-7-300-15005-5

出国学什么？为什么要选择名校？如果你的答案只是为了单纯学习专业知识，或者只为拿到一张名校文凭，那这本书可以直接告诉你：不用去了，不值得！读名校究竟值不值？打开牛津剑桥大门之后，你将在顶尖学府看到什么，学到什么，这是本书要传递的信息。

教养 EDUCATION 03

父母失控：直升机家长的亲子困局

作者	玛格利特·尼尔森	规格	192页 | 170mm × 210mm | 双色印刷
		定价	32.00元 | ISBN 978-7-300-14617-1

"父母失控"的现象源自社会的"焦虑文化"——经济上大起大落，职场竞争越来越大，资讯科技巨变，令父母对子女不断施压，以提升其未来的竞争力。加上青少年观念变得更加开放和网络骗子涌现，令焦虑的父母利用手机、电脑软件或各种科技监控子女，终由监控到失控，陷入亲子困局。

教养 EDUCATION 02

怪兽家长

作者	屈颖妍	规格	240页 | 170mm × 210mm | 双色印刷
		定价	35.00元 | ISBN 978-7-300-14471-9

对孩子，家长从来"舍不得"，舍不得他们跌倒、舍不得他们失败、舍不得他们受伤、舍不得他们一输到底，事事为孩子强出头。金钟罩下，圈养出一个个没痂没疤的完璧孩子，也孕育了一群群张牙舞爪的"怪兽家长"。教育生态抓狂，"怪兽家长"横行，学校成了"斗兽场"。屈颖妍的新作，让家长静静反思，时刻警醒，过分望子成龙也是罪。

单飞妈咪

| 作者 | 陈敏甄 | 规格 | 248页 | 170mm × 210mm | 双色印刷 |
| | | | 定价 | 32.00元 | ISBN 978-7-300-14589-1 |

一本记述80后单身母亲与儿子向着梦想出发的书。告别了没有目标的人生，告别了难缠的婆婆和花心的丈夫，告别了一家三口的幸福生活，80后"单飞妈咪"学会坚强和独立。或许心酸，或许欣慰，苦中作乐的母子俩为你我书写一段感人至深的温情故事。

人间滋味

| 作者 | 也斯 | 规格 | 216页 | 170mm × 210mm | 双色印刷 |
| | | | 定价 | 32.00元 | ISBN 978-7-300-14470-2 |

也斯写饮食，"细语商量"，温熙动人。他会写留学时想念的一锅明炉白粥，令自己健康起来的新鲜蔬菜与贴心字条，有历史重量的柏林荨麻菜汤，代表和平舒畅生活的山区手信，还有仿如宗教行列的法国电影中的盛宴……在他的眼中，食物是有灵魂的，而经他笔端描述的美食，俨然变成了心物往来间的结晶，历久弥新、澹荡无休。

忧郁病，我不怕

| 作者 | 李子玉 | 规格 | 184页 | 170mm × 210mm | 双色印刷 |
| | | | 定价 | 32.00元 | ISBN 978-7-300-14588-4 |

李子玉曾受忧郁病的困扰长达十年之久，度过了常人无法想象的人生低潮，然而今天她却重获健康快乐的新生，用文字来歌颂生命的喜悦。作者在书中向读者剖白一个忧郁病康复者的精神世界，更把细腻而真挚的笔触从自我延伸至他人，访问了多位忧郁病患者，把他们的经历化成一篇篇感人的故事、一个个活生生的见证。

老爹妈思厨

| 主编 | 梁以瑚 杨阳 | 规格 | 280页 | 150mm × 230mm | 彩色印刷 |
| | | | 定价 | 48.00元 | ISBN 978-7-300-14472-6 |

本书收录二战前从内地去往香港定居的公公婆婆们的厨房故事。四十多个真实的故事中，包含五十多款他们亲手煮出来的家乡菜。这些家乡的美味浸润着他们荡秋千、野外奔跑的童年往事，恋爱和结婚的甜蜜回忆，甚至日治时期和六七暴动时的生活点滴，浓浓人情味让人感慨无边。